Je cuisine avec un

ROBOT CUISEUR

CATHERINE QUÉVREMONT
PHOTOGRAPHIES DE
RICHARD BOUTIN

MARABOUT

Introduction

Vous allez être étonnés par la facilité d'utilisation du robot cuiseur. Pour vous aider et vous guider, voici quelques astuces selon les différents types de plat :

Les viandes

Le robot cuiseur offre la possibilité d'une cuisson rapide sans altérer la notion de goût.

Le plus étonnant est sans doute la cuisson du rôti de bœuf. Il faut bien l'assaisonner, le rouler dans un mélange sel, poivre et herbes, puis le saisir pendant la fonction **DORER**. Il faut juste un peu d'eau pour que le rôti ne brûle pas durant la cuisson et respecter les 7 minutes réglementaires pour une cuisson saignante. Une minute supplémentaire donnerait une cuisson à point.

La fonction **DORER** est très importante. La cuve de l'appareil est en contact avec la source de chaleur à la façon d'une poêle ou d'une casserole sur un feu. La montée en température demande quelques secondes, mais dès le début de la fonction **DORER** on peut commencer à faire dorer ou rissoler. Le temps de rissolage est raccourci. Il n'est pas nécessaire d'attendre l'extinction du témoin de chaleur de la fonction pour verser l'huile et déposer les ingrédients.

Le robot cuiseur est très performant pour les viandes mijotées. Les temps de cuisson sont largement diminués par rapport à un faitout classique. C'est ainsi que des recettes comme le pot-au-feu, le jarret de veau ou l'épaule d'agneau confite donnent d'excellents résultats. Rapidité et liaison parfaite. Les goûts sont mêlés, les assaisonnements bien ajustés.

La fonction très utile est le **MAINTIEN AU CHAUD**, qui permet non seulement d'attendre le moment de servir en laissant le plat à la bonne température, mais aussi de réduire les sauces si elles paraissent trop liquides.

Les volailles, le lapin

Belle performance du robot cuiseur en ce qui concerne des recettes délicieuses comme les rillettes de canard. Le temps de cuisson est largement divisé par deux. Il faut mêler plusieurs types de cuisson : **DORER**, tout d'abord, pour faire rissoler les magrets de canard et leur donner couleur et goût caramélisé, puis, bien sûr, **CUISSON SOUS PRESSION** pour la rapidité d'exécution. Et enfin, la fonction **MIJOTER** pour ajouter les épices et réduire le jus de cuisson.

Le fameux poulet du dimanche devient un jeu d'enfant grâce à la fonction **DORER**. Il prend de belles couleurs et la **CUISSON SOUS PRESSION** le cuit à point et le rend fondant en 35 minutes.

Les poissons

Les temps de cuisson sont à respecter strictement pour obtenir des poissons moelleux et fondants. Belle réussite des papillotes : on peut en superposer plusieurs dans le panier du robot cuiseur et privilégier le papier cuisson qui n'altère pas le goût des aliments. Ne JAMAIS oublier de verser de l'eau dans la cuve, sinon la **CUISSON SOUS PRESSION** ne peut pas se mettre en route.

La fonction **DORER** est la fonction principale des recettes de sautés de crevettes. La **CUISSON SOUS PRESSION** vient parfaire en quelques minutes l'achèvement du plat.

Pour les terrines de poisson, choisir des moules en aluminium : un grand qui peut tenir dans le panier ou plusieurs petits. N'oubliez pas de les filmer avant de refermer le couvercle pour que la vapeur de la cuisson ne retombe pas dans la terrine et versez au moins 20 cl d'eau dans le fond de la cuve.

Les riz, pâtes, céréales et légumes

Le temps de cuisson est remarquable pour le riz, les pâtes et les légumineuses. Grand avantage du robot cuiseur, on peut mêler ces ingrédients aux légumes verts. La fonction **CUISSON SOUS PRESSION** permet d'utiliser des légumes surgelés sans avoir à les faire décongeler et sans allonger le temps de cuisson par rapport à des légumes frais. Au contraire, les légumes surgelés resteront après cuisson plus colorés et moins mous. Les légumes de petite taille, comme les petits pois surgelés, s'ajoutent juste après la **CUISSON SOUS PRESSION**, à l'ouverture du couvercle. C'est à la chaleur résiduelle que les petits pois vont cuire, ils seront juste croquants. Pour les soupes ou le couscous végétarien, le robot cuiseur est parfait. Tous les ingrédients cuisent ensemble, s'enrichissent de leurs parfums, des épices, et donnent un excellent bouillon.

Les desserts

Le robot cuiseur est le meilleur allié des compotes moelleuses, parfumées, aux saveurs bien conservées, puisque la cuisson est rapide. S'il s'agit de crèmes, choisir des moules individuels : la cuisson sera meilleure. Pour les gâteaux ou les cakes, prendre un moule égal ou inférieur à 18 cm de diamètre ou bien tapisser le panier du robot cuiseur de papier cuisson : le percer de petits trous et verser directement la préparation dans le panier. Verser toujours 20 cl d'eau dans le fond de la cuve. Bien respecter l'indication de niveau dans la cuve pour verser le liquide. Par exemple, pour le riz au lait, ne jamais dépasser 75 cl de lait. Au-delà, le liquide ressort sous forme de pression chaude par la soupape située à l'arrière du couvercle.

Sommaire

Viandes

Braisé

bœuf au chou chinois

10 MIN | 15 MIN | 4 PERSONNES

1 c. à soupe d'huile d'olive

800 g de rumsteck coupé en petits dés

300 g de champignons shiitakés (ou de Paris)

1 c. à café de gingembre en poudre

1 c. à soupe de nuoc-mâm

2 choux chinois

1. Choisir la fonction **DORER** du robot cuiseur. Dans la cuve, faire revenir 5 minutes dans l'huile chaude les dés de bœuf et les champignons lavés et coupés en lamelles. Saupoudrer de gingembre, verser le nuoc-mâm et mélanger. Saler peu et poivrer.

2. Arrêter la fonction **DORER**. Ajouter les choux chinois émincés et verser 10 cl d'eau tiède.

3. Fermer le couvercle, choisir la fonction **CUISSON SOUS PRESSION** pour 10 minutes.

PALLARES
SOLSONA

Rôti

de bœuf

5 MIN | 11 MIN | 4 PERSONNES

800 g de rôti de bœuf

1 branche de thym

1 oignon

1 c. à café d'huile d'olive

1 Rouler le rôti dans un mélange sel, poivre et thym émietté. Choisir la fonction **DORER** du robot cuiseur, faire revenir l'oignon émincé dans l'huile, ajouter le rôti et le faire dorer 1 minute de chaque côté.

2 Verser 10 cl d'eau dans la cuve. Arrêter la fonction **DORER**. Fermer le couvercle, choisir la fonction **CUISSON SOUS PRESSION** pour 7 minutes.

3 Ouvrir le couvercle. Si vous souhaitez une viande saignante, couper le rôti aussitôt.

Braisé

bœuf au vinaigre balsamique

10 MIN | 13 MIN | 4 PERSONNES

600 g de rumsteck coupé en fines lamelles

4 oignons rouges

2 gousses d'ail écrasées

15 cl de vinaigre balsamique

1 bâton de citronnelle

1 bouquet de coriandre

1 c. à café de curcuma

1. Choisir la fonction **DORER** du robot cuiseur. Dans la cuve, sans matière grasse, faire revenir pendant 5 minutes les lamelles de viande, les oignons émincés et l'ail écrasé. Mélanger et mouiller avec le vinaigre balsamique.

2. Arrêter la fonction **DORER**. Ajouter la citronnelle coupée finement, la coriandre ciselée, saupoudrer de curcuma, saler et poivrer.

3. Verser 10 cl d'eau, fermer le couvercle, choisir la fonction **CUISSON SOUS PRESSION** pour 8 minutes.

Braisé

bœuf, paprika & betterave

10 MIN | 15 MIN | 4 PERSONNES

1 c. à café de sauce soja

600 g d'onglet coupé en fines tranches

3 oignons

2 carottes

1 grosse betterave crue

1 c. à soupe de paprika

1 cube de bouillon de bœuf

1 Choisir la fonction **DORER** du robot cuiseur. Verser la sauce soja et y faire revenir pendant 5 minutes la viande et les légumes : oignons, carottes, betterave coupés en fins bâtonnets. Mélanger, saler, poivrer, saupoudrer de paprika et mouiller avec 25 cl de bouillon de bœuf. Arrêter la fonction **DORER**.

2 Fermer le couvercle et choisir la fonction **CUISSON SOUS PRESSION** pour 10 minutes.

Braisé

viande hachée, maïs, gombos

10 MIN | 13 MIN | 4 PERSONNES

600 g de viande hachée

1 c. à café d'huile de sésame

1 grande boîte de maïs

1 grande boîte de tomates pelées

1 piment doux

500 g de gombos

1 c. à café de piment d'Espelette

1 Choisir la fonction **DORER** du robot cuiseur. Dans la cuve, faire revenir la viande dans l'huile chaude pendant 5 minutes. Ajouter le maïs égoutté, les tomates pelées et leur jus, et le piment doux coupés en petits dés et saupoudrer de piment d'Espelette.

2 Arrêter la fonction **DORER**. Ajouter les gombos, saler et poivrer. Fermer le couvercle et choisir la fonction **CUISSON SOUS PRESSION** pour 8 minutes.

Sauce

bolognaise

10 MIN | 8 MIN | 4 PERSONNES

1 c. à soupe d'huile d'olive

3 gousses d'ail

2 oignons

800 g de viande de bœuf hachée

2 c. à soupe de concentré de tomates

1 grande boîte de tomates pelées

½ bouquet de persil

1. Choisir la fonction **DORER** du robot cuiseur. Dans la cuve, faire chauffer l'huile pendant 3 minutes. Faire revenir l'ail et les oignons émincés puis ajouter la viande hachée. Bien mélanger.

2. Arrêter la fonction **DORER**. Verser le concentré de tomates et les tomates pelées, ajouter le persil ciselé. Saler et poivrer.

3. Fermer le couvercle, choisir la fonction **CUISSON SOUS PRESSION** pour 5 minutes.

Braisé

veau aux petits légumes

15 MIN | 25 MIN | 4 PERSONNES

1 c. à soupe d'huile d'olive

4 tranches de poitrine de veau roulée

4 carottes

1 poireau

3 navets

1 oignon

1 cube de bouillon de volaille

1 Choisir la fonction **DORER** du robot cuiseur. Faire revenir dans l'huile chaude les tranches de poitrine de veau pendant 5 minutes. Ajouter les légumes épluchés et coupés en dés, émietter le cube de bouillon.

2 Arrêter la fonction **DORER**. Verser un mélange de 30 cl d'eau et 20 cl de vin blanc. Saler et poivrer.

3 Fermer le couvercle et choisir la fonction **CUISSON SOUS PRESSION** pour 20 minutes.

Mijoté

COUSCOUS

10 MIN | 20 MIN | 4 PERSONNES

4 cuisses de poulet coupées en deux

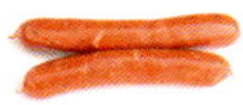

4 merguez

1 kg de légumes surgelés pour couscous

1 sachet d'épices pour couscous

1 cube de bouillon de bœuf

1 bocal de pois chiches

2 sachets de couscous instantané

1. Mettre tous les ingrédients dans la cuve du robot cuiseur à l'exception du couscous. Verser 70 cl d'eau, saler et poivrer.

2. Fermer le couvercle, choisir la fonction **CUISSON SOUS PRESSION** pour 20 minutes.

3. Pendant ce temps, préparer le couscous comme indiqué sur le paquet. Après la cuisson, ouvrir le couvercle, servir la viande posée sur la graine et les légumes dans leur bouillon.

Mijoté

pot-au-feu

10 MIN | 40 MIN | 4 PERSONNES

1 kg de mélange de viande de bœuf pour pot-au-feu

1 kg de légumes pour pot-au-feu

1 cube de bouillon de bœuf

1 clou de girofle

1. Mettre la viande et les légumes dans la cuve du robot cuiseur. Émietter le cube de bouillon, le clou de girofle, saler et poivrer. Verser 75 cl d'eau.

2. Fermer le couvercle, choisir la fonction **CUISSON SOUS PRESSION** et laisser cuire 40 minutes.

bœuf sauté au chou kale

10 MIN | 20 MIN | 4 PERSONNES

1 c. à soupe d'huile d'olive

3 oignons

800 g de rumsteck coupé en morceaux

2 c. à soupe de sauce soja

1 cube de bouillon de bœuf

1 chou kale

1 bocal de pousses de soja (200 g environ)

1. Choisir la fonction **DORER** du robot cuiseur. Faire revenir 5 minutes dans l'huile chaude les oignons émincés et les morceaux de bœuf. Mélanger, verser la sauce soja, 25 cl de bouillon de bœuf et ajouter le chou kale coupé en lanières.

2. Arrêter la fonction **DORER**. Fermer le couvercle, choisir la fonction **CUISSON SOUS PRESSION** pour 15 minutes.

3. Après la cuisson, ouvrir le couvercle, ajouter les pousses de soja égouttées et mélanger.

Gratin

lasagnes au bœuf

15 MIN | 26 MIN | 4 PERSONNES

1 c. à soupe d'huile d'olive

1 oignon

2 gousses d'ail

600 g de viande hachée

1 boîte de dés de tomate (environ 400 g)

6 feuilles de lasagne

1 brique de béchamel à la muscade (20 cl)

1 Choisir la fonction **DORER** du robot cuiseur et faire revenir pendant 10 minutes dans l'huile chaude l'oignon et l'ail pelés et émincés. Ajouter la viande, saler, poivrer et verser les tomates. Tremper les feuilles de lasagne 1 minute dans de l'eau bouillante puis poser sur du papier absorbant.

2 Tapisser le panier du robot de papier cuisson et huiler légèrement. Poser 2 feuilles de lasagne, étaler la moitié de la farce, verser de la béchamel, poser 2 autres feuilles de lasagne, garnir du reste de farce et d'un peu de béchamel. Finir par 2 feuilles de lasagne et verser le reste de béchamel. Saler et poivrer.

3 Poser le panier dans la cuve, verser 20 cl d'eau dans le fond du robot. Choisir la fonction **CUISSON SOUS PRESSION** pour 15 minutes. Après la cuisson, déposer les lasagnes dans un plat de service. Saupoudrer éventuellement de 30 g de gruyère râpé et passer 5 minutes sous le gril du four.

Braisé

côte double de veau au fenouil

10 MIN | 12 MIN | 4 PERSONNES

35 g de beurre doux

1 côte de veau très épaisse (valeur de 2 côtes, environ 700 g)

3 fenouils

2 oignons

1 cube de bouillon de volaille

1 Choisir la fonction **DORER** du robot cuiseur. Faire chauffer le beurre dans la cuve, y faire revenir la côte de veau 2 minutes sur chaque face. Ajouter les fenouils et les oignons épluchés et émincés. Émietter le cube de bouillon, saler, poivrer avec du poivre du Sichuan. Arrêter la fonction **DORER**. Verser 15 cl d'eau.

2 Fermer le couvercle et choisir la fonction **CUISSON SOUS PRESSION** pour 8 minutes.

Sauté

veau à la normande

10 MIN | 20 MIN | 4 PERSONNES

1 pomme

4 pommes de terre

2 carottes

300 g de champignons de Paris

800 g de sauté de veau coupé en dés

50 cl de crème liquide

5 cl de calvados (facultatif)

1 Peler la pomme, les pommes de terre et les carottes, les couper en dés. Enlever le bout terreux des champignons, les couper en deux ou en quatre selon leur grosseur.

2 Mettre les légumes, la pomme et la viande dans la cuve du robot cuiseur. Saler et poivrer. Verser la crème et le calvados. Fermer le couvercle. Choisir la fonction **CUISSON SOUS PRESSION** pour 20 minutes.

Petits farcis

à la viande

15 MIN | 10 MIN | 4 PERSONNES

4 petites courgettes rondes

4 tomates moyennes

300 g de farce de bœuf, veau, porc pour légumes

200 g de riz basmati

1. Couper un chapeau aux légumes, les évider, couper les chairs récupérées en petits dés. Garnir les légumes évidés avec la farce.

2. Verser le riz dans le fond de la cuve du robot cuiseur, ajouter la chair des légumes évidés, poser les légumes farcis, saler et poivrer. Verser 50 cl d'eau.

3. Fermer le couvercle, choisir la fonction **CUISSON SOUS PRESSION** pour 10 minutes.

Confit

jarret de veau extra-fondant

10 MIN | 43 MIN | 4 PERSONNES

2 oignons doux

1 jarret de veau (1 kg)

1 c. à soupe de miel liquide

1 c. à café de glace balsamique

1 cube de fond de veau

4 carottes

Noix de muscade râpée

1. Choisir la fonction **DORER** du robot cuiseur. Faire revenir dans la cuve, sans matière grasse, les oignons émincés. Ajouter le jarret et le retourner sur toutes ses faces pour qu'il soit bien doré.

2. Arrêter la fonction **DORER**. Verser le miel, la glace balsamique et 25 cl de fond de veau obtenu à partir du cube. Ajouter les carottes épluchées et coupées en dés. Saler, poivrer et parsemer de noix de muscade.

3. Fermer le couvercle, choisir la fonction **CUISSON SOUS PRESSION** pour 35 minutes.

Confit

souris d'agneau à la tapenade

10 MIN | 35 MIN | 4 PERSONNES

3 gousses d'ail

2 oignons

1 c. à café d'huile de sésame grillé

2 souris d'agneau

1 pot de tapenade noire (environ 200 g)

1 sachet de poivrons grillés surgelés

1. Choisir la fonction **DORER** du robot cuiseur. Faire revenir l'ail et les oignons émincés dans l'huile chaude. Ajouter les souris d'agneau, les faire dorer 5 minutes sur toutes les faces. Ajouter la tapenade noire et deux fois le volume du pot de tapenade en eau. Saler et poivrer. Arrêter la fonction **DORER**.

2. Ajouter les poivrons grillés. Fermer le couvercle et choisir la fonction **CUISSON SOUS PRESSION** pour 30 minutes.

carré d'agneau, herbes et pistaches

10 MIN | 25 MIN | 4 PERSONNES

1 bouquet de coriandre, ciboulette, sauge

50 g de pistaches

1 carré de 8 côtes premières

50 g de beurre

8 gousses d'ail

1. Laver les herbes et les mixer avec les pistaches. Badigeonner le carré d'agneau avec ce hachis. Saler et poivrer.

2. Choisir la fonction **DORER** du robot cuiseur. Faire griller le carré d'agneau pendant 5 minutes dans le beurre chaud. Ajouter les gousses d'ail en chemise, non épluchées.

3. Arrêter la fonction **DORER**. Verser un verre d'eau dans la cuve et fermer le couvercle. Choisir la fonction **CUISSON SOUS PRESSION** pour 20 minutes (pour une cuisson de viande rosée).

Confit

épaule d'agneau confite

4 gousses d'ail

10 échalotes

1 c. à soupe d'huile d'olive

1 épaule d'agneau

3 c. à soupe de miel de châtaignier

1 sachet d'épices marocaines

1 cube de bouillon saveur agneau

15 MIN | 40 MIN | 4 PERSONNES

1. Faire revenir l'ail et les échalotes pelés dans la cuve du robot cuiseur avec l'huile chaude. Ajouter l'épaule d'agneau. Choisir la fonction **DORER**. Laisser griller 5 minutes sur chaque face.

2. Ajouter le miel, les épices, saler, poivrer et verser 50 cl de bouillon.

3. Fermer le couvercle, choisir la fonction **CUISSON SOUS PRESSION** pour 35 minutes.

Mijoté

curry d'agneau

15 MIN | 30 MIN | 4 PERSONNES

3 oignons

1 pomme

1 mangue

1 épaule d'agneau coupée en dés

1 c. à soupe de gingembre en poudre

1 pot de pâte de curry rouge (environ 350 g)

50 cl de lait de coco

1 Mettre dans la cuve du robot cuiseur les oignons émincés, la pomme et la mangue pelées et émincées. Poser la viande, saupoudrer de gingembre, verser le curry et le lait de coco. Saler et poivrer.

2 Fermer le couvercle. Choisir la fonction **CUISSON SOUS PRESSION** pour 30 minutes.

Mijoté

tajine d'agneau au citron confit

10 MIN | 35 MIN | 4 PERSONNES

1 c. à soupe d'huile d'olive

800 g de gigot coupé en dés

1 sachet d'épices marocaines

2 citrons confits

8 abricots secs trempés dans l'eau tiède

50 g de raisins de Corinthe

1 bouquet de coriandre

1. Choisir la fonction **DORER** du robot cuiseur et faire chauffer l'huile dans la cuve. Faire revenir 5 minutes les dés de gigot, saupoudrer d'épices marocaines, saler et poivrer. Arrêter la fonction **DORER**.

2. Ajouter les citrons confits coupés en lanières, les abricots et leur jus de trempage, les raisins et la moitié du bouquet de coriandre. Fermer le couvercle, choisir la fonction **CUISSON SOUS PRESSION** pour 30 minutes.

3. Après la cuisson, ajouter le reste de coriandre ciselée.

Mijoté

aubergine à l'agneau

15 MIN | 17 MIN | 4 PERSONNES

3 gousses d'ail

2 oignons

1 c. à soupe d'huile d'olive

600 g de restes de gigot haché

1 c. à café de cumin en poudre

1 boîte de tomates pelées

1 sachet d'aubergines grillées surgelées

1 Choisir la fonction **DORER**. Faire revenir l'ail et les oignons émincés dans l'huile d'olive chaude. Ajouter la viande d'agneau hachée ou coupée en petits dés et laisser dorer 5 minutes. Saler, poivrer et saupoudrer de cumin.

2 Arrêter la fonction **DORER**. Verser les tomates pelées et poser les lamelles d'aubergines grillées, coupées en deux ou en trois portions. Choisir la fonction **CUISSON SOUS PRESSION** pour 12 minutes.

Mijoté

petit salé aux lentilles

5 MIN | 30 MIN | 4 PERSONNES

1 carotte

2 oignons

1 clou de girofle

800 g de palette de porc (demi-sel ou frais)

300 g de lentilles vertes du Puy

1 feuille de laurier

1. Éplucher la carotte et les oignons, piquer 1 oignon avec le clou de girofle, émincer l'autre oignon et la carotte.

2. Mettre tous les ingrédients dans la cuve du robot cuiseur. Ne pas saler si le porc est demi-sel. Sinon, saler et poivrer. Ajouter 50 cl d'eau.

3. Fermer le couvercle, choisir la fonction **CUISSON SOUS PRESSION** pour 30 minutes.

Sandwich

pulled pork

1,5 kg de palette de porc

15 cl de Coca-Cola

3 c. à soupe de ketchup

3 c. à soupe de sauce Worcestershire

1 sachet d'épices mexicaines

10 MIN | 2 H | 4 PERSONNES

1. Poser le morceau de porc dans la cuve du robot cuiseur, l'arroser du mélange de toutes les sauces et des épices. Retourner la viande plusieurs fois pour qu'elle soit bien enrobée. Ajouter 15 cl d'eau.

2. Fermer le couvercle, choisir la fonction **CUISSON SOUS PRESSION** pour 1 heure 30.

3. Après la cuisson, ouvrir et vérifier que la viande est assez effilochée. Sinon remettre à cuire pour 30 minutes avec 10 cl d'eau.

4. Effilocher la viande à l'aide de deux fourchettes. La viande se sert dans un sandwich ou un pain pita comme pour le kebab.

Farci

chou

15 MIN | 15 MIN | 4 PERSONNES

8 feuilles de chou

300 g de chair à saucisse

1 tranche de pain grillé

1 œuf

1 bouquet de coriandre (ou de persil plat)

1 c. à soupe de cumin en poudre

1 gousse d'ail

1. Blanchir les feuilles de chou dans une casserole d'eau bouillante salée pendant 1 minute pour les ramollir, puis les poser sur du papier absorbant.

2. Mixer la chair à saucisse, le pain, l'œuf, la coriandre, le cumin et l'ail épluché, puis saler et poivrer.

3. Farcir chaque feuille de chou, la rouler et l'attacher avec une petite ficelle. Poser les feuilles dans le panier du robot cuiseur. Verser 25 cl d'eau. Fermer le couvercle et choisir la fonction **CUISSON SOUS PRESSION** pour 14 minutes.

Mijoté

rougail de saucisse épicée

15 MIN | 12 MIN | 4 PERSONNES

4 saucisses épicées ou fumées

2 c. à soupe d'huile de tournesol

2 gousses d'ail

3 oignons

1 piment vert doux

1 grande boîte de tomates pelées

1 sachet d'épices mexicaines

1 Pocher les saucisses 2 minutes dans une casserole d'eau bouillante. Les éponger puis les couper en tronçons.

2 Choisir la fonction **DORER** du robot cuiseur. Faire revenir 2 minutes dans l'huile chaude l'ail, les oignons émincés, les saucisses et le piment. Ajouter les tomates pelées, saupoudrer d'épices, saler et poivrer. Arrêter la fonction **DORER**.

3 Fermer le couvercle, passer à la fonction **CUISSON SOUS PRESSION** pour 8 minutes.

Rôti

ribs caramélisés

10 MIN
MARINADE : 2 H | 20 MIN | 4 PERSONNES

1 kg de travers de porc découpés

4 c. à soupe de sauce soja salée

4 c. à soupe de sauce soja sucrée

6 c. à soupe de sauce BBQ

1. Mettre les morceaux de travers de porc à mariner 2 heures avec les trois sauces. Arroser régulièrement.

2. Mettre la viande avec sa marinade dans la cuve du robot cuiseur, fermer le couvercle et choisir la fonction **CUISSON SOUS PRESSION** pour 10 minutes.

3. Après la cuisson, ouvrir le robot, choisir la fonction **DORER** pour 10 minutes, le temps de réduire et de faire caraméliser la sauce.

Mijoté

curry de porc

10 MIN | 12 MIN | 4 PERSONNES

1 c. à soupe d'huile de tournesol

2 gousses d'ail

2 oignons

1 kg d'échine de porc coupée en morceaux

1 c. à café de gingembre en poudre

1 sachet d'épices à curry

20 cl de lait de coco

1 Choisir la fonction **DORER** du robot cuiseur. Faire revenir 4 minutes dans l'huile chaude l'ail et les oignons émincés, ainsi que les morceaux de porc. Saupoudrer de gingembre et d'épices, saler et poivrer. Arrêter la fonction **DORER**.

2 Verser le lait de coco et 10 cl d'eau. Fermer le couvercle, choisir la fonction **CUISSON SOUS PRESSION** pour 8 minutes.

Mijoté

filet mignon au miel et au romarin

10 MIN | 20 MIN | 4 PERSONNES

1 filet mignon de porc

10 cl de vin blanc

1 cube de bouillon de volaille

1 c. à soupe de miel liquide

2 branches de romarin

2 oignons

1 Choisir la fonction **DORER** du robot cuiseur. Sans utiliser de matière grasse, faire revenir le filet mignon pendant 2 minutes sur toutes ses faces. Ajouter les oignons émincés, mouiller avec le vin blanc et 15 cl de bouillon de volaille. Saler et poivrer.

2 Arrêter la fonction **DORER**. Fermer le couvercle, choisir la fonction **CUISSON SOUS PRESSION** pour 15 minutes.

3 Après la cuisson, ouvrir le couvercle et choisir la fonction **MIJOTER** pour 3 minutes. Ajouter le miel, effeuiller le romarin et laisser réduire la sauce.

Mijoté

filet mignon caramélisé

10 MIN | 20 MIN | 4 PERSONNES

1 c. à soupe d'huile de sésame grillé

800 g de filet mignon de porc

2 c. à soupe de sauce soja sucrée

2 c. à soupe de sauce soja salée

Les zestes de 1 orange

1 c. à café de gingembre en poudre

1 boîte de tomates pelées (environ 250 g)

1 Choisir la fonction **DORER**. Dans l'huile chaude, saisir le filet mignon. Le retourner souvent pour qu'il se colore sur toutes les faces. Arroser avec toutes les sauces, ajouter les zestes et saupoudrer de gingembre. Laisser dorer 10 minutes.

2 Verser les tomates pelées, fermer le couvercle, passer à la fonction **CUISSON SOUS PRESSION**. Laisser cuire 10 minutes. Servir avec un quinoa aux noisettes torréfiées.

Mijoté

porc à la mexicaine

10 MIN | 30 MIN | 4 PERSONNES

2 gousses d'ail

2 oignons rouges

1 c. à soupe d'huile de tournesol

800 g d'échine de porc coupée en morceaux

1 boîte de maïs (400 g environ)

1 sachet de poivrons grillés

1 sachet d'épices mexicaines

1 boîte de haricots rouges (250 g environ)

1. Choisir la fonction **DORER** du robot cuiseur. Faire revenir 5 minutes l'ail et les oignons émincés dans l'huile chaude avec la viande. Saler et poivrer.

2. Verser le maïs égoutté, les poivrons grillés coupés en lanières et saupoudrer d'épices mexicaines. Verser 20 cl d'eau.

3. Fermer le couvercle, choisir la fonction **CUISSON SOUS PRESSION** pour 20 minutes.

4. Après la cuisson, ouvrir le couvercle, ajouter les haricots rouges et laisser 5 minutes sur la fonction **MIJOTER**.

Rillettes

de porc

10 MIN | 2 H | 4 À 6 PERSONNES

1,5 kg de poitrine de porc coupée en morceaux

1 bouquet garni

3 baies de genièvre

1 clou de girofle

1 Placer les morceaux de porc dans la cuve du robot cuiseur avec le bouquet garni, les baies de genièvre et le clou de girofle. Saler au gros sel et poivrer. Verser 70 cl d'eau.

2 Fermer le couvercle, choisir la fonction **CUISSON SOUS PRESSION** pour 1 heure 30.

3 Après la cuisson, ouvrir le couvercle et choisir la fonction **MIJOTER** pour 30 minutes. Puis ôter la couenne, les cartilages du porc cuit, écraser à la fourchette et ajouter un peu de bouillon de cuisson pour assouplir les rillettes.

Parmentier

de céleri, porc aux cacahuètes

15 MIN | 20 MIN | 4 PERSONNES

1 gousse d'ail

1 boule de céleri

1 c. à soupe d'huile d'olive

800 g d'échine de porc coupée en tranches fines

2 c. à soupe de sauce cacahuète avec des morceaux

1 cube de bouillon de volaille

1. Choisir la fonction **DORER** du robot cuiseur. Dans la cuve, faire revenir pendant 5 minutes dans l'huile d'olive l'ail écrasé et le céleri coupé en lamelles. Saler et poivrer. Arrêter la fonction **DORER**.

2. Poser les tranches de porc sur le céleri, badigeonner de sauce cacahuète, arroser de 25 cl de bouillon de volaille. Saler et poivrer.

3. Fermer le couvercle, choisir la fonction **CUISSON SOUS PRESSION** pour 15 minutes.

Mijoté

échine de porc aux abricots

10 MIN | 20 MIN | 4 PERSONNES

1 c. à soupe d'huile d'olive

3 oignons

800 g d'échine de porc coupée en gros dés

1 c. à soupe de cumin

1 c. à soupe de paprika

1 cube de bouillon de volaille

200 g d'abricots secs

1 Choisir la fonction **DORER** du robot cuiseur. Faire chauffer l'huile dans la cuve. Faire revenir pendant 5 minutes les oignons émincés et les dés de porc. Saler, poivrer et saupoudrer de cumin et de paprika.

2 Arrêter la fonction **DORER**. Verser 20 cl de bouillon de volaille et ajouter les abricots.

3 Fermer le couvercle et choisir la fonction **CUISSON SOUS PRESSION** pour 15 minutes.

Volailles & lapin

Rillettes

canard au poivre vert

10 MIN | 1 H 32 | 4 À 6 PERSONNES

200 g de graisse de canard

4 magrets de canard

1 petit bouquet garni

4 baies de genièvre

1 cube de bouillon de volaille

2 cuisses de canard confites

1 c. à soupe de baies de poivre vert

1 Choisir la fonction **DORER** du robot cuiseur. Faire fondre la graisse de canard dans la cuve pendant 2 minutes. Ajouter les magrets coupés en grosses lanières, saler au gros sel et poivrer. Déposer le bouquet garni et ajouter les baies de genièvre. Arrêter la fonction **DORER**.

2 Verser 50 cl de bouillon de volaille. Fermer le couvercle et choisir la fonction **CUISSON SOUS PRESSION** pour 1 heure.

3 Après la cuisson, ouvrir le couvercle, ajouter les cuisses de canard coupées en deux et les baies de poivre vert. Choisir la fonction **MIJOTER** pour 30 minutes. Égoutter les morceaux de canard, ôter la peau, effilocher toutes les viandes et les mettre dans une terrine avec un peu de bouillon de cuisson.

OPINEL
INOX

Rillettes

lapin aux pistaches

4 cuisses de lapin

1 branche de céleri

10 cl de vin blanc (facultatif)

1 cube de bouillon de volaille

1 c. à soupe de piment d'Espelette

50 g de pistaches

10 MIN | 1 H | 4 À 6 PERSONNES

1. Dans la cuve du robot cuiseur, mettre les cuisses de lapin, la branche de céleri, saler, poivrer, arroser de vin blanc et verser 50 cl de bouillon de volaille.

2. Fermer le couvercle et choisir la fonction **CUISSON SOUS PRESSION** pour 1 heure.

3. Après la cuisson, bien effilocher la chair du lapin, saupoudrer de piment d'Espelette, mélanger avec les pistaches et ajouter un peu de bouillon de cuisson pour assouplir les rillettes.

Rillettes

de poule

10 MIN | 1 H 30 | 4 À 6 PERSONNES

1 oignon

1 clou de girofle

1 poule (2 kg environ) ou 1 poulet coupé en morceaux

1 bouquet garni

1 Mettre tous les ingrédients dans la cuve du robot cuiseur. Piquer l'oignon avec le clou de girofle. Saler au gros sel et poivrer. Couvrir les morceaux de poulet d'eau sans dépasser le niveau indiqué dans la cuve.

2 Fermer le couvercle et choisir la fonction **CUISSON SOUS PRESSION** pour 1 heure 30.

3 Après la cuisson, sortir les morceaux de poulet, ôter la peau, les os et le cartilage. Effilocher la viande à l'aide de deux fourchettes ou du bout des doigts. Ajouter un peu de bouillon de cuisson pour assouplir les rillettes. Garder au frais.

Boulettes

poulet aux pistaches

15 MIN | 10 MIN | 4 PERSONNES

3 blancs de poulet sans la peau

50 g de pistaches décortiquées

1 œuf

1 c. à café de curry en poudre

100 g de farine

1 c. à soupe d'huile d'olive

20 cl de lait de coco

1. Mixer les blancs de poulet, les pistaches, l'œuf, saler, poivrer et ajouter le curry. Former des boulettes. Les rouler dans la farine.

2. Choisir la fonction **DORER** du robot cuiseur. Saisir les boulettes pendant 2 minutes dans l'huile chaude. Arrêter la fonction **DORER**.

3. Verser le lait de coco, fermer le couvercle et choisir la fonction **CUISSON SOUS PRESSION** pour 8 minutes.

Mijoté

colombo de poulet

10 MIN | 14 MIN | 4 PERSONNES

4 blancs de poulet

2 gousses d'ail

3 oignons

2 aubergines

1 sachet d'épices à colombo

25 cl de lait de coco

1 c. à soupe d'huile

1 Choisir la fonction **DORER** du robot cuiseur. Faire revenir dans l'huile chaude pendant 2 minutes les blancs de poulet coupés en morceaux avec l'ail et les oignons épluchés et émincés. Saler et poivrer.

2 Arrêter la fonction **DORER**. Ajouter les aubergines coupées en rondelles et les épices. Verser le lait de coco.

3 Fermer le couvercle et choisir la fonction **CUISSON SOUS PRESSION** pour 12 minutes.

Rôti

poulet du dimanche

10 MIN | 45 MIN | 4 PERSONNES

50 g de beurre

1 poulet prêt à cuire (environ 1 kg)

12 petites pommes de terre

1 c. à soupe d'épices pour poulet

1 cube de bouillon de volaille

1. Choisir la fonction **DORER** du robot cuiseur. Faire fondre le beurre dans la cuve, y faire revenir pendant 10 minutes le poulet sur toutes ses faces. Placer les pommes de terre autour du poulet. Saler, poivrer et saupoudrer d'épices. Arrêter la fonction **DORER**.

2. Verser 20 cl de bouillon de volaille, fermer le couvercle et choisir la fonction **CUISSON SOUS PRESSION** pour 35 minutes.

poulet émincé aux noix de cajou

10 MIN | 12 MIN | 4 PERSONNES

1 c. à soupe d'huile de sésame grillé

4 blancs de poulet coupés en petits dés

2 gousses d'ail écrasées

50 g de noix de cajou

1 c. à soupe de sauce soja sucrée

1 cube de bouillon de volaille

1 Verser l'huile de sésame dans la cuve du robot cuiseur. Choisir la fonction **DORER**. Faire revenir pendant 2 minutes les des de poulet et l'ail. Ajouter les noix de cajou, mélanger, saler, poivrer et arroser de sauce soja. Arrêter la fonction **DORER**.

2 Verser 50 cl de bouillon de volaille. Fermer le couvercle et choisir la fonction **CUISSON SOUS PRESSION** pour 10 minutes.

Mijoté

tajine de poulet au citron

10 MIN | 12 MIN | 4 PERSONNES

1 c. à café d'huile d'olive

4 cuisses de poulet coupées en deux

2 citrons confits

1 c. à café de gingembre en poudre

3 c. à soupe de fond de volaille

Les zestes de 1 citron

1 Choisir la fonction **DORER** du robot cuiseur. Verser l'huile d'olive dans la cuve. Faire revenir pendant 2 minutes les cuisses de poulet et les citrons confits coupés en petits quartiers. Mélanger, saupoudrer de gingembre, saler, poivrer, ajouter le fond de volaille et arroser de 20 cl d'eau. Arrêter la fonction **DORER**.

2 Fermer le couvercle et choisir la fonction **CUISSON SOUS PRESSION** pour 10 minutes. Après la cuisson, ouvrir le couvercle et parsemer de zestes de citron avant de servir.

Plat complet

poulet jambalaya

15 MIN | 20 MIN | 4 PERSONNES

1 c. à soupe
d'huile d'olive

2 blancs de poulet
coupés en dés

1 oignon

300 g de riz rond

300 g de chorizo
(fort ou doux)

1 sachet d'épices cajun

1 boîte de tomates pelées
(400 g environ)

1 Choisir la fonction **DORER** du robot cuiseur. Verser l'huile dans la cuve. Faire revenir pendant 5 minutes les dés de poulet et l'oignon épluché et émincé. Mélanger, ajouter le riz et le chorizo coupé en rondelles. Saler, poivrer et saupoudrer d'épices. Arrêter la fonction **DORER**.

2 Verser les tomates et ajouter 15 cl d'eau. Fermer le couvercle et choisir la fonction **CUISSON SOUS PRESSION** pour 15 minutes.

Mijoté

poulet émincé à l'estragon

10 MIN | 12 MIN | 4 PERSONNES

4 blancs de poulet coupés en dés

1 oignon doux

25 cl de crème fleurette

1 bouquet d'estragon

1. Mettre les dés de poulet et l'oignon épluché et émincé dans la cuve du robot cuiseur. Verser la crème fleurette, saler, poivrer et effeuiller une branche d'estragon.

2. Fermer le couvercle et choisir la fonction **CUISSON SOUS PRESSION** pour 12 minutes. Après la cuisson, ouvrir le couvercle et ajouter le reste de feuilles d'estragon avant de servir.

Roulés

poulet aux tomates séchées

15 MIN | 14 MIN | 4 PERSONNES

4 blancs de poulet

2 feuilles de sauge

200 g de ricotta

5 tomates séchées à l'huile

1 c. à soupe d'huile

2 oignons doux

1 cube de bouillon de volaille

1. Ouvrir les blancs de poulet en deux sans les séparer. Retirer un peu de chair pour émincer le blanc. Mixer la chair retirée des blancs avec la sauge, la ricotta et les tomates à l'huile. Saler et poivrer. Farcir les blancs de poulet de cette préparation. Les maintenir enroulés avec de la ficelle à rôti.

2. Choisir la fonction **DORER** du robot cuiseur. Dans la cuve, faire revenir pendant 2 minutes dans l'huile chaude les paupiettes et les oignons épluchés et émincés.

3. Arrêter la fonction **DORER**. Verser 25 cl de bouillon de volaille. Fermer le couvercle et choisir la fonction **CUISSON SOUS PRESSION** pour 12 minutes.

Mijoté

poulet, chou kale & champignons

15 MIN | 20 MIN | 4 PERSONNES

1 c. à soupe d'huile d'olive

4 filets de poulet

1 chou kale

250 g de champignons shiitakés (ou de Paris)

20 cl de lait de coco

1 cube de bouillon de volaille

1 sachet d'épices pour poulet tikka

1. Verser l'huile dans la cuve du robot cuiseur. Choisir la fonction **DORER** et faire revenir pendant 5 minutes les filets de poulet entiers sur toutes les faces.

2. Ajouter le chou kale débité en lanières et les champignons coupés en deux ou en quatre. Saler et poivrer. Verser le lait de coco, 20 cl de bouillon de volaille et saupoudrer d'épices. Arrêter la fonction **DORER**.

3. Fermer le couvercle et choisir la fonction **CUISSON SOUS PRESSION** pour 15 minutes.

Mijoté

poulet à la citronnelle

2 bottes d'oignons nouveaux (ou 500 g de jeunes poireaux)

1 c. à café d'huile de sésame grillé

4 blancs de poulet coupés en lamelles épaisses

2 bâtons de citronnelle

1 c. à soupe de sauce nuoc-mâm

1 cube de bouillon de volaille

1 c. à soupe d'algues en paillettes

10 MIN | 15 MIN | 4 PERSONNES

1. Éplucher les oignons nouveaux en gardant un peu de tige verte. Les couper en deux dans le sens de la longueur. Verser l'huile dans la cuve du robot cuiseur. Choisir la fonction **DORER** pendant 3 minutes. Faire griller le poulet et les oignons et ajouter la citronnelle écrasée.

2. Verser le nuoc-mâm et 25 cl de bouillon de volaille. Saler et poivrer. Arrêter la fonction **DORER**.

3. Fermer le couvercle et choisir la fonction **CUISSON SOUS PRESSION** pour 12 minutes. Après la cuisson, ouvrir le couvercle et saupoudrer d'algues en paillettes.

Mijoté

curry de poulet aux aubergines

15 MIN | 15 MIN | 4 PERSONNES

1 c. à soupe d'huile d'olive

2 gousses d'ail

4 blancs de poulet coupés en dés

3 poivrons (rouge, vert, jaune ou de même couleur)

2 aubergines

1 sachet d'épices à curry

1 yaourt brassé

20 cl de lait de coco

1. Choisir la fonction **DORER** du robot cuiseur. Dans la cuve, faire revenir pendant 3 minutes dans l'huile chaude l'ail écrasé, les dés de poulet et les poivrons émincés. Bien mélanger. Arrêter la fonction **DORER**.

2. Ajouter les aubergines coupées en rondelles. Saupoudrer d'épices, puis verser le yaourt et le lait de coco. Remplir le pot de yaourt d'eau et l'ajouter. Saler et poivrer.

3. Fermer le couvercle et choisir la fonction **CUISSON SOUS PRESSION** pour 12 minutes.

Mijoté

poulet au lait de coco

15 MIN | 15 MIN | 4 PERSONNES

2 échalotes

5 cm de gingembre frais râpé (ou 1 c. à café de gingembre en poudre)

1 citron vert

1 bouquet de coriandre

2 tiges de citronnelle

40 cl de lait de coco

4 blancs de poulet

1. Mettre dans le fond de la cuve du robot cuiseur les échalotes épluchées et hachées, le gingembre, le citron vert (zeste et pulpe) coupé en petits dés, la moitié du bouquet de coriandre effeuillée, la citronnelle coupée en tronçons et écrasée, et le lait de coco. Choisir la fonction **MIJOTER** et laisser cuire 3 minutes.

2. Ajouter les blancs de poulet coupés en petits dés. Saler et poivrer. Fermer le couvercle et choisir la fonction **CUISSON SOUS PRESSION** pour 12 minutes.

3. Après la cuisson, ajouter le reste de coriandre effeuillée. Pour un goût plus épicé, ajouter ½ cuillerée à café de purée de piment.

poulet émincé au Carré frais®

10 MIN | 14 MIN | 4 PERSONNES

300 g de champignons de Paris

1 c. à soupe d'huile d'olive

4 blancs de poulet émincés

1 carotte

1 cube de bouillon de volaille

200 g de Carré frais®

1 c. à café d'herbes de Provence

1. Choisir la fonction **DORER** du robot cuiseur. Dans la cuve, faire revenir pendant 2 minutes les champignons nettoyés et émincés dans l'huile chaude. Ajouter les dés de poulet, la carotte coupée en cubes et mélanger. Saler et poivrer. Arrêter la fonction **DORER**.

2. Verser 30 cl de bouillon de volaille, émietter le Carré frais® et saupoudrer d'herbes de Provence.

3. Fermer le couvercle et choisir la fonction **CUISSON SOUS PRESSION** pour 12 minutes.

Mijoté

poulet au beurre de cacahuète

10 MIN | 14 MIN | 4 PERSONNES

2 c. à soupe de beurre de cacahuète

1 c. à café de gingembre en poudre (ou 5 cm de gingembre frais râpé)

3 gousses d'ail écrasées

4 cuisses de poulet

10 cl de cola

20 cl de lait de coco

50 g de cacahuètes concassées

1. Mélanger le beurre de cacahuète avec le gingembre et l'ail. Enduire généreusement les cuisses de poulet de cette préparation.

2. Poser les cuisses dans la cuve du robot cuiseur, verser le cola et le lait de coco. Saler et poivrer.

3. Fermer le couvercle et choisir la fonction **CUISSON SOUS PRESSION** pour 14 minutes. Après la cuisson, parsemer de cacahuètes.

Mijoté

lapin aux herbes vertes

15 MIN | 15 MIN | 4 PERSONNES

½ lapin découpé en morceaux

1 bouquet garni

Les feuilles vertes de 1 poireau

1 c. à café de quatre-épices

1 cube de bouillon de légumes

1 bouquet de persil, cerfeuil, estragon

Le jus de 1 citron

1 Dans la cuve du robot cuiseur, déposer les morceaux de lapin, le bouquet garni, les feuilles de poireau émincées et le quatre-épices. Verser 50 cl de bouillon de légumes. Saler et poivrer.

2 Fermer le couvercle et choisir la fonction **CUISSON SOUS PRESSION** pour 15 minutes. Pendant ce temps, laver les herbes, les sécher et les ciseler.

3 Après la cuisson, ouvrir le couvercle, arroser de jus de citron, saupoudrer d'herbes et mélanger.

Mijoté

pot-au-feu de canard

15 MIN | 15 MIN | 4 PERSONNES

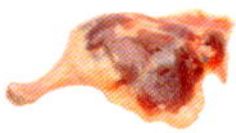
2 cuisses et 2 ailes de canard

2 navets

4 carottes

2 poireaux

1 oignon

1 clou de girofle

1 cube de bouillon de volaille

1 Poser les morceaux de canard et les légumes épluchés dans la cuve du robot cuiseur. Piquer l'oignon avec le clou de girofle. Saler et poivrer. Verser 50 cl de bouillon de volaille.

2 Fermer le couvercle. Choisir la fonction **CUISSON SOUS PRESSION** pour 15 minutes.

aiguillettes de canard aux agrumes

10 MIN | 15 MIN | 4 PERSONNES

4 filets de canard

2 oranges (jus et zeste)

1 c. à soupe de miel

1 cube de bouillon de volaille

1 pamplemousse sweetie (peau verte, très doux)

1 c. à soupe de jus de yuzu

1 c. à café de cannelle

1. Dans la cuve du robot cuiseur, déposer les filets de canard. Arroser du jus de 1 orange. Verser le miel et 30 cl de bouillon de volaille. Saler et poivrer.

2. Fermer le couvercle et choisir la fonction **CUISSON SOUS PRESSION** pour 10 minutes. Pendant ce temps, prélever le zeste de l'orange restante. Débarrasser les quartiers d'orange et de pamplemousse de leurs peaux blanches.

3. Après la cuisson, ouvrir le couvercle, ajouter les quartiers d'agrumes, arroser de jus de yuzu et saupoudrer de cannelle. Choisir la fonction **MIJOTER** pour 5 minutes. Au moment de servir, couper les filets en tranches.

Braisé

magret au chou rouge

10 MIN | 25 MIN | 4 PERSONNES

600 g de chou rouge

½ demi-potimarron

4 magrets de canard

30 g de raisins secs

1 c. à café de cumin en poudre

1 cube de bouillon de volaille

1 Éplucher le chou rouge et l'émincer. Peler le potimarron et le couper en cubes. Choisir la fonction **DORER** du robot cuiseur. Poser les magrets côté peau dans le fond de la cuve. Laisser la peau griller et la graisse fondre pendant 7 minutes.

2 Arrêter la fonction **DORER**. Ajouter le chou rouge, le potimarron et les raisins secs. Saler et poivrer. Saupoudrer de cumin et arroser de 35 cl de bouillon de volaille.

3 Fermer le couvercle et choisir la fonction **CUISSON SOUS PRESSION** pour 18 minutes.

Mijoté

lapin aux olives

15 MIN | 20 MIN | 4 PERSONNES

4 morceaux de râbles (avec les rognons, au choix)

1 c. à soupe d'huile d'olive

1 c. à soupe de câpres

1 sachet d'herbes de Provence

1 petite boîte de tomates pelées (200 g environ)

10 cl de vin blanc (facultatif)

20 olives vertes et noires dénoyautées

1. Choisir la fonction **DORER** du robot cuiseur. Dans la cuve, faire revenir les râbles de lapin pendant 5 minutes dans l'huile chaude. Saler et poivrer. Ajouter les câpres, les herbes de Provence, les tomates pelées et le vin blanc. Arrêter la fonction **DORER**.

2. Fermer le couvercle et choisir la fonction **CUISSON SOUS PRESSION** pour 15 minutes.

3. Après la cuisson, ouvrir le couvercle et ajouter les olives. Laisser 5 minutes dans le robot avec le couvercle rabattu.

Confit

lapin fondant aux shiitakés & oignons

15 MIN | 30 MIN | 4 PERSONNES

200 g de lardons non fumés

1 c. à soupe d'huile d'olive

½ lapin coupé en morceaux (ou 4 cuisses)

6 oignons

300 g de shiitakés

1 c. à café de graines de coriandre

1 cube de bouillon de volaille

1. Choisir la fonction **DORER** du robot cuiseur. Dans la cuve, faire fondre les lardons dans l'huile. Ajouter les morceaux de lapin et les oignons épluchés et émincés. Laisser dorer 10 minutes. Ajouter les shiitakés et les graines de coriandre. Saler, poivrer et mélanger. Arrêter la fonction **DORER**.

2. Verser 50 cl de bouillon de volaille. Fermer le couvercle et choisir la fonction **CUISSON SOUS PRESSION** pour 20 minutes.

Poissons

Sauté

saumon aux légumes

15 MIN | 13 MIN | 4 PERSONNES

1 tête de brocoli

1 poireau

1 carotte

1 betterave crue

1 c. à soupe d'huile d'olive

4 pavés de saumon, sans la peau, coupés en gros dés

1 tablette de court-bouillon

1. Éplucher les légumes. Couper le brocoli en petits bouquets, le poireau et la carotte en rondelles, la betterave en bâtonnets.

2. Les faire revenir 5 minutes dans l'huile chaude en utilisant la fonction **DORER** du robot cuiseur. Saler et poivrer. Ajouter les dés de saumon. Mélanger. Émietter la tablette de court-bouillon. Arrêter la fonction **DORER**.

3. Verser 30 cl d'eau dans la cuve et fermer le couvercle. Choisir la fonction **CUISSON SOUS PRESSION** pour 8 minutes.

saumon aux haricots coco

10 MIN | 23 MIN | 4 PERSONNES

1 c. à soupe
d'huile d'olive

4 pavés de saumon
avec la peau

1 gousse d'ail

4 tranches de chorizo

1 oignon

300 g de haricots coco
ou de mogettes
de Vendée surgelés

1 c. à café de paprika

1 Choisir la fonction **DORER** du robot cuiseur. Verser l'huile et faire griller les pavés de saumon pendant 8 minutes côté peau. Ajouter l'ail pelé et écrasé, le chorizo coupé en bâtonnets et l'oignon épluché et émincé. Arrêter la fonction **DORER**.

2 Ajouter les haricots coco. Saler, poivrer et saupoudrer de paprika. Verser 25 cl d'eau. Fermer le couvercle. Choisir la fonction **CUISSON SOUS PRESSION** pour 15 minutes.

Papillotes

saumon épinards

10 MIN | 6 MIN | 4 PERSONNES

300 g de pousses d'épinard

4 échalotes

4 pavés de saumon sans la peau

4 c. à soupe de crème fraîche épaisse

Noix de muscade

1 Répartir sur quatre feuilles de papier sulfurisé les pousses d'épinard lavées et équeutées, les échalotes épluchées et émincées, les pavés de saumon et la crème fraîche. Saler, poivrer et parsemer de noix de muscade.

2 Refermer les papillotes et les installer dans le panier du robot cuiseur. Verser 20 cl d'eau dans le fond de la cuve. Fermer le couvercle et choisir la fonction **CUISSON SOUS PRESSION** pour 6 minutes.

Mijoté

Encornets aux tomates

1 c. à soupe d'huile d'olive

2 oignons

3 gousses d'ail

2 poivrons (1 rouge, 1 vert)

1 kg d'encornets nettoyés et découpés

1 grande boîte de tomates pelées (400 g environ)

1 c. à café de paprika

10 MIN | 13 MIN | 4 PERSONNES

1 Choisir la fonction **DORER** du robot cuiseur. Faire revenir pendant 5 minutes dans l'huile chaude les oignons et l'ail épluchés et émincés, et les poivrons épépinés et coupés en lamelles. Mélanger. Ajouter les encornets. Saler et poivrer. Arrêter la fonction **DORER**.

2 Verser les tomates pelées et saupoudrer de paprika. Fermer le couvercle et choisir la fonction **CUISSON SOUS PRESSION** pour 8 minutes.

Vapeur

cabillaud & pommes de terre

10 MIN | 16 MIN | 4 PERSONNES

8 pommes de terre de taille moyenne

4 tronçons de dos de cabillaud

30 cl de crème fleurette

1 bouquet d'aneth

1. Mettre les pommes de terre pelées et coupées en quatre dans le panier du robot cuiseur. Saler. Verser 20 cl d'eau. Fermer le couvercle et choisir la fonction **CUISSON SOUS PRESSION** pour 14 minutes.

2. Après la cuisson, nettoyer la cuve du robot, y déposer le cabillaud avec les pommes de terre cuites, verser la crème, saler, poivrer et effeuiller la moitié du bouquet d'aneth.

3. Fermer le couvercle et choisir la fonction **CUISSON SOUS PRESSION** pour 2 minutes.

4. Après la cuisson, décorer avec le reste d'aneth.

Mijoté

thon basquaise

10 MIN | 10 MIN | 4 PERSONNES

1 c. à soupe d'huile d'olive

2 oignons

3 gousses d'ail

3 poivrons (de 3 couleurs différentes)

4 pavés de thon de 120 g chacun

1 c. à café de piment d'Espelette

1 boîte de tomates pelées (200 g environ)

1 Choisir la fonction **DORER**. Faire revenir pendant 2 minutes dans l'huile chaude les oignons et l'ail épluchés et émincés, ainsi que les poivrons coupés en lamelles. Saler, poivrer et mélanger. Arrêter la fonction **DORER**.

2 Poser les pavés de thon sur les légumes. Saler, poivrer et saupoudrer de piment d'Espelette. Verser les tomates pelées. Fermer le couvercle et choisir la fonction **CUISSON SOUS PRESSION** pour 8 minutes.

Papillotes

saumon gingembre et citronnelle

10 MIN | 6 MIN | 4 PERSONNES

4 pavés de saumon sans la peau

1 bouquet de coriandre fraîche

2 citrons verts

5 cm de gingembre frais

1 piment rouge

2 tiges de citronnelle

1 Prendre quatre feuilles de papier cuisson. Poser au centre de chacune d'elles 1 pavé de saumon, de la coriandre ciselée, un demi-citron vert coupé en tranches fines, le gingembre coupé en bâtonnets, le piment rouge épépiné et coupé en petits dés, et quelques morceaux de citronnelle. Saler et poivrer.

2 Bien fermer les papillotes et les poser dans le panier du robot cuiseur. Verser 20 cl dans le fond de la cuve. Fermer le couvercle et choisir la fonction **CUISSON SOUS PRESSION** pour 6 minutes.

Rôti de lotte

farci à la tapenade

800 g de lotte (2 filets)

200 g de tapenade noire

1 c. à soupe
d'huile d'olive

1 gousse d'ail

2 oignons

200 g de tomates pelées

10 olives noires
dénoyautées

10 MIN | 13 MIN | 4 PERSONNES

1 Laver et essuyer les filets de lotte.
Les badigeonner de tapenade sur une face, les accoler face à face et les maintenir attachés avec de la ficelle à rôti.

2 Choisir la fonction **DORER** du robot cuiseur.
Faire chauffer l'huile dans la cuve et y faire revenir pendant 5 minutes l'ail et les oignons épluchés et émincés. Ajouter le rôti de lotte.

3 Arrêter la fonction **DORER**. Verser les tomates pelées. Saler et poivrer.
Fermer le couvercle et choisir la fonction **CUISSON SOUS PRESSION** pour 8 minutes.
Après la cuisson, servir sur un plat avec les olives noires et éventuellement des tomates cerises.

cabillaud, tomates, olives

10 MIN | 10 MIN | 4 PERSONNES

1 c. à soupe d'huile d'olive

2 oignons

4 filets d'anchois à l'huile

6 tomates olivettes ou roma

1 c. à soupe de câpres

700 g de dos de cabillaud coupés en gros dés

20 olives noires et vertes dénoyautées

1 Choisir la fonction **DORER** du robot cuiseur. Faire revenir dans l'huile chaude pendant 2 minutes les oignons épluchés et émincés, les filets d'anchois coupés en petits dés, les tomates coupées en quatre, les câpres et les dés de cabillaud. Mélanger. Arrêter la fonction **DORER**.

2 Verser 10 cl d'eau. Saler et poivrer. Fermer le couvercle et choisir la fonction **CUISSON SOUS PRESSION** pour 8 minutes. Après la cuisson, ajouter les olives noires et vertes puis mélanger.

Braisé

cabillaud à l’espagnole

15 MIN | 10 MIN | 4 PERSONNES

1 c. à soupe d’huile d’olive

3 poivrons (de 3 couleurs différentes)

8 tranches de chorizo (fort ou doux)

2 gousses d’ail

600 g de dos de cabillaud coupé en gros dés

1 sachet d’épices pour paella

1 boîte de tomates pelées (400 g environ)

1. Choisir la fonction **DORER** du robot cuiseur. Faire revenir dans l’huile chaude, pendant 3 minutes, les poivrons coupés en lamelles, le chorizo, l’ail pelé et écrasé et les dés de cabillaud. Saler, poivrer et saupoudrer d’épices. Arrêter la fonction **DORER**.

2. Verser les tomates pelées. Fermer le couvercle et choisir la fonction **CUISSON SOUS PRESSION** pour 7 minutes.

Papillotes

cabillaud à la thaïe

10 MIN | 8 MIN | 4 PERSONNES

2 citrons verts

5 cm de gingembre

2 piments doux rouges

4 pavés de cabillaud sans la peau

1 c. à soupe de purée de piment à l'ail

1 bouquet de coriandre

2 c. à soupe d'huile d'olive

1. Couper en fins bâtonnets les citrons verts, le gingembre pelé et les piments épépinés.

2. Poser chaque pavé de cabillaud sur une feuille de papier cuisson. Saler et poivrer. Répartir la purée de piment. Déposer un peu de citron vert, de piment rouge, de gingembre et de feuilles de coriandre. Arroser d'un peu d'huile d'olive.

3. Bien refermer les papillotes et les poser dans le panier du robot cuiseur. Verser 20 cl d'eau dans le fond de la cuve. Fermer le couvercle. Choisir la fonction **CUISSON SOUS PRESSION** pour 8 minutes.

Sauté

crevettes aux agrumes

15 MIN | 10 MIN | 4 PERSONNES

20 crevettes décortiquées (fraîches ou surgelées)

2 gousses d'ail

1 botte d'oignons nouveaux

2 c. à soupe de jus de yuzu

1 citron vert

2 pamplemousses (rose et blanc)

1 orange

1. Passer un chiffon huilé dans le fond de la cuve du robot cuiseur. Choisir la fonction **DORER** pendant 5 minutes. Faire revenir les crevettes, l'ail pelé et écrasé, les oignons (le blanc et le vert) émincés. Mouiller avec le jus de yuzu. Ajouter le citron vert coupé en petits dés. Saler et poivrer. Mélanger. Arrêter la fonction **DORER**.

2. Verser un verre d'eau dans la cuve. Fermer le couvercle et choisir la fonction **CUISSON SOUS PRESSION** pour 5 minutes. Peler les pamplemousses et l'orange, les couper en quartiers et retirer les peaux blanches.

3. Après la cuisson, ouvrir le couvercle, ajouter les agrumes et mélanger délicatement. Servir avec une poêlée de pois gourmands ou de haricots mange-tout.

Mijoté

cabillaud aux champignons

10 MIN | 8 MIN | 4 PERSONNES

800 g de dos de cabillaud coupé en gros dés

300 g de champignons de Paris

4 pommes de terre

1 c. à soupe de court-bouillon

25 cl de crème fleurette

1 bouquet de cerfeuil

1. Réunir dans la cuve du robot cuiseur les dés de cabillaud, les champignons de Paris nettoyés et coupés en fines lamelles, les pommes de terre pelées et coupées en fines lamelles, et le court-bouillon. Verser la crème, saler et poivrer.

2. Fermer le couvercle. Choisir la fonction **CUISSON SOUS PRESSION** pour 8 minutes.

3. Après la cuisson, présenter dans un saladier et parsemer de cerfeuil ciselé.

Sauté

crevettes à l'aneth

10 MIN | 8 MIN | 4 PERSONNES

1 c. à soupe d'huile de sésame grillé

2 gousses d'ail

16 grosses crevettes décortiquées (fraîches ou surgelées)

4 tranches d'ananas

1 courgette

1 c. à café de purée de piment à l'ail

20 cl de lait de coco

1 bouquet d'aneth

1 Choisir la fonction **DORER** du robot cuiseur. Pendant 2 minutes, faire revenir dans l'huile chaude l'ail pelé et écrasé, les crevettes, les tranches d'ananas coupées en morceaux, la courgette coupée en dés et la purée de piment. Mélanger.

2 Arrêter la fonction **DORER**. Verser le lait de coco et répartir un tiers du bouquet d'aneth effeuillé. Saler et poivrer.

3 Fermer le couvercle et choisir la fonction **CUISSON SOUS PRESSION** pour 6 minutes. Parsemer d'aneth au moment de servir.

Terrine

de maquereau fumé

10 MIN | 10 MIN | 4 PERSONNES

10 filets
de maquereau fumé

200 g de fromage frais
(type Philadelphia®)

2 œufs

300 g de poivrons
grillés surgelés

2 oignons blancs

1. Mixer les filets de maquereau, le fromage frais, les œufs, les poivrons grillés et les oignons blancs. Saler et poivrer.

2. Remplir quatre petits moules en aluminium de cette préparation. Les filmer et les poser dans le panier du robot cuiseur. Verser 20 cl d'eau dans la cuve.

3. Fermer le couvercle et choisir la fonction **CUISSON SOUS PRESSION** pour 10 minutes.

Brandade

de saumon

10 MIN | 6 MIN | 4 PERSONNES

4 pommes de terre

2 gousses d'ail

800 g de filets de saumon sans peau ni arêtes

20 cl de lait

1 c. à café de baies roses

2 branches d'aneth

1 Dans la cuve du robot cuiseur, mettre les pommes de terre pelées et coupées en fines rondelles, l'ail épluché et émincé et les filets de saumon coupés en lanières. Verser le lait. Saler et poivrer.

2 Fermer le couvercle. Choisir la fonction **CUISSON SOUS PRESSION** pour 6 minutes.

3 Après la cuisson, mixer tous les ingrédients. Ajouter les baies roses et l'aneth effeuillé. Bien mélanger. Passer éventuellement 1 minute sous le gril du four pour que la brandade dore.

Farcis

encornets

15 MIN | 18 MIN | 4 PERSONNES

1 c. à soupe d'huile d'olive

4 encornets préparés, vidés et entiers

1 oignon

50 g de pignons de pin grillés

3 tranches de pain de mie (trempées dans du lait)

4 c. à soupe de persil plat ciselé

1 c. à café de piment d'Espelette

1 boîte de tomates pelées en cubes (200 g)

1. Choisir la fonction **DORER** du robot cuiseur. Dans la cuve, faire revenir pendant 6 minutes dans l'huile chaude les tentacules des encornets et l'oignon épluché et émincé. Arrêter la fonction **DORER**. Couper les tentacules en petits morceaux dans une assiette. Mélanger avec les pignons de pin, le pain de mie trempé dans du lait et le persil.

2. Farcir les encornets de cette préparation et les fermer à l'aide d'un cure-dents.

3. Poser les encornets farcis dans la cuve du robot cuiseur. Saupoudrer de piment d'Espelette et verser les tomates pelées. Fermer le couvercle et choisir la fonction **CUISSON SOUS PRESSION** pour 12 minutes.

Papillotes

de truite fumée

10 MIN | 5 MIN | 4 PERSONNES

4 c. à soupe de julienne de légumes (frais ou surgelés)

4 filets de truite fumée

4 c. à soupe de crème

4 branches d'estragon

10 cl de vin blanc

1. Poser le lit de légumes et les quatre filets de truite sur quatre feuilles de papier cuisson. Verser la crème, effeuiller l'estragon, saler, poivrer et arroser d'un peu de vin blanc (ou de 10 cl de court-bouillon de poisson).

2. Fermer les papillotes, les disposer dans le panier du robot cuiseur et verser 20 cl d'eau dans le fond de la cuve.

3. Fermer le couvercle et choisir la fonction **CUISSON SOUS PRESSION** pour 5 minutes.

Sauté

crevettes au whisky

10 MIN | 6 MIN | 4 PERSONNES

2 gousses d'ail écrasées

1 c. à café d'huile de sésame grillé

20 crevettes roses décortiquées

15 cl de whisky

4 c. à soupe de ketchup

2 gouttes de Tabasco®

1 bouquet d'aneth

1 Choisir la fonction **DORER** du robot cuiseur. Dans la cuve, faire revenir pendant 3 minutes l'ail dans l'huile chaude. Ajouter les crevettes et mélanger. Arrêter la fonction **DORER**.

2 Verser le whisky, le ketchup, le Tabasco®, saler, poivrer et effeuiller la moitié du bouquet d'aneth.

3 Fermer le couvercle et choisir la fonction **CUISSON SOUS PRESSION** pour 3 minutes. Après la cuisson, effeuiller le reste d'aneth. Laisser refroidir et déguster à l'apéritif.

Mijoté

rougail de morue

15 MIN | 8 MIN | 4 PERSONNES

1 c. à soupe d'huile d'olive

3 gousses d'ail

4 oignons cives

1 citron vert

800 g de morue dessalée et pochée

6 tomates (ou 1 boîte de tomates coupées en dés)

1 c. à soupe d'épices à rougail

1 Choisir la fonction **DORER** du robot cuiseur. Dans la cuve, faire revenir pendant 5 minutes dans l'huile chaude l'ail épluché et écrasé, les cives émincées et le citron vert coupé en fins quartiers. Arrêter la fonction **DORER**.

2 Émietter la morue et mélanger. Ajouter les tomates coupées en petits quartiers et les épices. Saler et poivrer.

3 Fermer le couvercle et choisir la fonction **CUISSON SOUS PRESSION** pour 3 minutes.

Vapeur

saint-jacques coco & céleri

10 MIN | 5 MIN | 4 PERSONNES

12 coquilles Saint-Jacques

20 cl de lait de coco

1 branche de céleri

½ boule de céleri

1 c. à soupe de pâte de curry vert

1 Laver et éponger les coquilles Saint-Jacques. En enfiler 3 par brochette en bois et les poser dans la cuve du robot cuiseur. Verser le lait de coco. Ajouter la branche de céleri coupée en petits dés, la boule de céleri taillée en fins bâtonnets et le curry vert. Saler et poivrer.

2 Fermer le couvercle et choisir la fonction **CUISSON SOUS PRESSION** pour 5 minutes.

lieu noir sauce verte

10 MIN | 6 MIN | 4 PERSONNES

4 pommes de terre

200 g de pousses d'épinard

600 g de filets de lieu noir

½ bouquet d'aneth

1 bouquet de persil plat

1 bouquet de ciboulette

1 c. à soupe d'huile d'olive

1. Déposer les pommes de terre finement émincées dans le fond de la cuve du robot cuiseur. Ajouter les pousses d'épinard puis les filets de lieu noir. Saler et poivrer. Verser 10 cl d'eau.

2. Fermer le couvercle et choisir la fonction **CUISSON SOUS PRESSION** pour 6 minutes.

3. Pendant ce temps, mixer toutes les herbes avec l'huile d'olive. Saler et poivrer. Après la cuisson, disposer le poisson et sa garniture dans un plat et verser la sauce verte dessus.

Terrine

de poisson blanc

15 MIN | 8 MIN | 4 PERSONNES

500 g de poisson blanc (lieu, merlan, cabillaud)

2 oignons blancs

1 bouquet d'aneth

15 cl de crème fraîche

3 œufs

1 Mixer le poisson coupé en dés, les oignons blancs pelés et l'aneth effeuillé. Saler, poivrer et ajouter la crème fraîche et les œufs. Mélanger. Verser la préparation dans un moule en aluminium adapté au panier du robot cuiseur.

2 Filmer le moule et le poser dans le panier. Verser 20 cl d'eau dans la cuve. Fermer le couvercle et choisir la fonction **CUISSON SOUS PRESSION** pour 8 minutes.

Vapeur

dorade aux épices

10 MIN | 5 MIN | 4 PERSONNES

600 g de filets de daurade

4 échalotes longues

2 tiges de citronnelle

1 c. à soupe de nuoc-mâm

1 c. à soupe de sauce soja

1 sachet d'épices thaïes

1 c. à café de gingembre en poudre

1. Poser les filets de daurade sur une feuille de papier cuisson. Disposer dessus les échalotes coupées en quatre dans la longueur et la citronnelle pelée et coupée en petits tronçons. Verser le nuoc-mâm et la sauce soja, saupoudrer d'épices thaïes et de gingembre. Saler et poivrer.

2. Fermer la papillote, la poser dans le panier du robot cuiseur et verser 20 cl d'eau dans la cuve. Fermer le couvercle et choisir la fonction **CUISSON SOUS PRESSION** pour 5 minutes.

Vapeur

filet de merlan aux algues

10 MIN | 5 MIN | 4 PERSONNES

1 botte d'oignons nouveaux

600 g de filets de merlan

1 c. à café de court-bouillon

1 c. à café de wasabi

1 c. à soupe de vinaigre de saké

2 c. à soupe d'algues en paillettes

1. Éplucher les oignons nouveaux en gardant le plus possible de vert. Les couper en quatre dans la longueur. Les poser au fond de la cuve du robot cuiseur. Déposer les filets de merlan dessus, verser le court-bouillon, saler, poivrer et ajouter 15 cl d'eau.

2. Fermer le couvercle et choisir la fonction **CUISSON SOUS PRESSION** pour 5 minutes. Pendant ce temps, délayer le wasabi dans le vinaigre de saké.

3. Après la cuisson, placer le poisson et les oignons dans un plat creux, arroser de sauce au wasabi et saupoudrer d'algues en paillettes.

Riz, pâtes & céréales

Macaronis

petits pois pesto

10 MIN | 10 MIN | 4 PERSONNES

300 g de macaronis

1 c. à soupe de sauce tamari

200 g de petits pois surgelés

1 bouquet de menthe

1 Placer les macaronis dans la cuve du robot cuiseur. Verser la sauce tamari et 20 cl d'eau. Saler et poivrer. Fermer le couvercle et choisir la fonction **CUISSON SOUS PRESSION** pour 10 minutes.

2 Après la cuisson, ouvrir le couvercle, ajouter les petits pois et mélanger.

3 Rabattre le couvercle sans le fermer. Les petits pois cuisent à la chaleur de la cuve. Verser dans un saladier et parsemer de menthe ciselée.

carbonara aux légumes grillés

10 MIN | 10 MIN | 4 PERSONNES

250 g de lardons fumés

300 g de légumes grillés surgelés (la moitié d'un sachet)

300 g de spaghettis

2 jaunes d'œufs

25 cl de crème fraîche épaisse

1. Choisir la fonction **DORER** du robot cuiseur. Dans la cuve, faire revenir les lardons pendant 2 minutes. Ajouter les légumes coupés en gros tronçons, déposer les spaghettis et verser 35 cl d'eau. Saler et poivrer. Arrêter la fonction **DORER**.

2. Fermer le couvercle et choisir la fonction **CUISSON SOUS PRESSION** pour 8 minutes.

3. Après la cuisson, ouvrir le couvercle, ajouter les jaunes d'œufs et la crème. Mélanger, rabattre le couvercle sans le fermer pour garder la chaleur pendant 5 minutes.

Orechiette

au brocoli

10 MIN | 9 MIN | 4 PERSONNES

1 grosse tête de brocoli

400 g d'orechiette

200 g de ricotta

1. Couper le brocoli en petits bouquets. Les mettre dans la cuve du robot cuiseur avec les orechiette. Verser 20 cl d'eau. Saler et poivrer.

2. Fermer le couvercle et choisir la fonction **CUISSON SOUS PRESSION** pour 9 minutes.

3. Après la cuisson, ouvrir le couvercle, ajouter la ricotta et mélanger.

Farfalle

seitan aneth

10 MIN | 8 MIN | 4 PERSONNES

250 g de seitan

300 g de farfalle

30 cl de lait d'amande

1 citron jaune

4 branches d'aneth

1. Couper le seitan en bâtonnets, les mettre dans la cuve du robot cuiseur avec les farfalle. Verser le lait d'amande. Saler et poivrer.

2. Fermer le couvercle et choisir la fonction **CUISSON SOUS PRESSION** pour 8 minutes. Pendant ce temps, couper le citron en très fins quartiers.

3. Après la cuisson, ouvrir le couvercle, ajouter le citron et l'aneth effeuillé.

Fusilli

au fromage bleu

10 MIN | 7 MIN | 4 PERSONNES

200 g de pousses d'épinard

300 g de fusilli

1 cube de bouillon de volaille

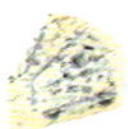

200 g de bleu de Gex

1. Mettre dans la cuve du robot cuiseur les pousses d'épinard et les fusilli. Verser 30 cl de bouillon de volaille. Saler et poivrer.

2. Fermer le couvercle. Choisir la fonction **CUISSON SOUS PRESSION** pour 7 minutes.

3. Après la cuisson, ouvrir le couvercle, ajouter le fromage coupé en petits dés, mélanger et attendre 5 minutes avec le couvercle rabattu avant de servir.

Linguine

aux asperges

10 MIN | 8 MIN | 4 PERSONNES

300 g d'asperges vertes (surgelées)

400 g de linguine

1 cube de bouillon de légumes

1 petit pot de pesto (100 g environ)

1. Mettre dans la cuve du robot cuiseur les asperges vertes coupées en deux dans l'épaisseur et les linguine. Verser 20 cl de bouillon de légumes. Saler et poivrer.

2. Fermer le couvercle et choisir la fonction **CUISSON SOUS PRESSION** pour 8 minutes.

3. Après la cuisson, ouvrir le couvercle, ajouter le pesto, bien mélanger et servir.

Orechiette

courgette anchois

10 MIN | 9 MIN | 4 PERSONNES

2 courgettes

400 g d'orechiette

1 cube de bouillon de légumes

200 g de ricotta

1 pot de pâte d'anchois (80 g environ)

1. Couper les extrémités des courgettes, les débiter en cubes et les placer dans la cuve du robot cuiseur avec les orechiette. Verser 25 cl de bouillon de légumes. Saler peu et poivrer.

2. Fermer le couvercle et choisir la fonction **CUISSON SOUS PRESSION** pour 9 minutes.

3. Après la cuisson, ouvrir le couvercle, ajouter la ricotta battue avec la pâte d'anchois, mélanger et rabattre le couvercle sans le fermer. Poivrer.

Penne

pesto jambon de Parme

10 MIN | 10 MIN | 4 PERSONNES

300 g de penne

4 tranches de jambon de Parme

1 pot de pesto (200 g)

1. Mettre les penne dans la cuve du robot cuiseur, verser 20 cl d'eau, saler et poivrer.

2. Fermer le couvercle et choisir la fonction **CUISSON SOUS PRESSION** pour 8 minutes.

3. Après la cuisson, ouvrir le couvercle, ajouter le jambon coupé en fines lanières et le pesto. Choisir la fonction **MIJOTER** pour 2 minutes.

Risotto

au gorgonzola

10 MIN | 15 MIN | 4 PERSONNES

300 g de riz pour risotto

1 cube de bouillon de volaille

150 g de gorgonzola

1 c. à soupe de crème fraîche épaisse

1. Mettre le riz dans la cuve du robot cuiseur avec 75 cl de bouillon de volaille. Saler et poivrer.

2. Fermer le couvercle et choisir la fonction **CUISSON SOUS PRESSION** pour 15 minutes.

3. Après la cuisson, ouvrir le couvercle, ajouter le gorgonzola coupé en morceaux et la crème. Mélanger. Choisir la fonction **MAINTIEN AU CHAUD** jusqu'au moment de servir.

Risotto

aux carottes et amandes

15 MIN | 15 MIN | 4 PERSONNES

4 carottes

300 g de riz à risotto

1 c. à café de cumin en poudre

50 cl d'eau de riz

50 g d'amandes effilées, grillées

1. Peler et couper les carottes en dés. Les mettre dans la cuve du robot cuiseur avec le riz. Saler, poivrer, saupoudrer de cumin et verser l'eau de riz.

2. Fermer le couvercle et choisir la fonction **CUISSON SOUS PRESSION** pour 15 minutes.

3. Après la cuisson, ouvrir le couvercle, ajouter les amandes et servir.

Risotto

topinambours et champignons

15 MIN | 15 MIN | 4 PERSONNES

300 g de topinambours

400 g de champignons

350 g de riz pour risotto

1 sachet de préparation pour soupe miso

1. Éplucher les topinambours et les couper en dés. Couper le bout terreux des champignons, les laver et les émincer. Mettre les légumes dans la cuve du robot cuiseur et poser le riz dessus. Verser 75 cl de bouillon miso. Saler peu et poivrer.

2. Fermer le couvercle et choisir la fonction **CUISSON SOUS PRESSION** pour 15 minutes.

Risotto

de lentilles corail aux carottes

10 MIN | 15 MIN | 4 PERSONNES

3 carottes nouvelles en botte

100 g de riz à risotto

150 g de lentilles corail

1 cube de bouillon de légumes

1 Éplucher les carottes et les couper en dés. Garder un tiers des fanes, les laver et les ciseler finement. Dans la cuve du robot cuiseur, mettre le riz, les lentilles et les carottes. Verser 50 cl de bouillon de légumes. Saler et poivrer.

2 Fermer le couvercle et choisir la fonction **CUISSON SOUS PRESSION** pour 15 minutes.

3 Après la cuisson, ouvrir le couvercle et parsemer de fanes ciselées.

Soba shiitakés, édamames

10 MIN | 10 MIN | 4 PERSONNES

20 g de shiitakés

150 g d'édamames surgelés

1 c. à café d'huile de sésame

1 c. à soupe de sauce hoisin

200 g de nouilles soba

1. Couper la queue des shiitakés et les émincer. Plonger les édamames 1 minute dans de l'eau bouillante puis sortir les graines en appuyant sur la gousse.

2. Choisir la fonction **DORER** du robot cuiseur. Pendant la montée en température, faire revenir pendant 2 minutes les shiitakés et les édamames dans l'huile chaude. Verser la sauce hoisin et mélanger. Arrêter la fonction **DORER**.

3. Ajouter les nouilles soba et verser 20 cl d'eau. Fermer le couvercle. Choisir la fonction **CUISSON SOUS PRESSION** pour 7 minutes. Après la cuisson, ouvrir le couvercle et servir.

Riz noir

édamames, sésame

10 MIN | 8 MIN | 4 PERSONNES

300 g de riz noir gluant (riz à sushi)

300 g d'édamames

2 c. à soupe de graines de sésame grillé

1. Rincer le riz à l'eau courante, puis le mettre dans la cuve du robot cuiseur avec les édamames. Ajouter le double du volume de riz en eau. Saler et poivrer.

2. Fermer le couvercle et choisir la fonction **CUISSON SOUS PRESSION** pour 8 minutes.

3. Après la cuisson, égoutter le riz, sortir les graines d'édamames des gousses et les répartir sur le riz. Saupoudrer de graines de sésame grillé.

Riz noir

poireau et fenouil

15 MIN | 10 MIN | 4 PERSONNES

1 c. à café d'huile de sésame grillé

3 poireaux

2 bulbes de fenouil

200 g de riz noir (riz venere)

1 c. à soupe de paillettes d'algues déshydratées

1. Choisir la fonction **DORER** du robot cuiseur. Faire revenir pendant 2 minutes dans l'huile chaude les poireaux coupés en filaments et les fenouils émincés. Ajouter le riz et 20 cl d'eau. Saler et poivrer.

2. Fermer le couvercle. Passer à la fonction **CUISSON SOUS PRESSION** pour 8 minutes.

3. Après la cuisson, ouvrir le couvercle, égoutter le riz et les légumes, les placer dans un plat de service et saupoudrer de paillettes d'algues.

Quinoa

aux légumes d’hiver

15 MIN | 15 MIN | 4 PERSONNES

2 rutabagas ou navets

2 cerfeuils tubéreux

2 carottes

200 g de potiron

1 panais

300 g de quinoa

1 cube de bouillon de légumes

1 Éplucher tous les légumes, les couper en dés et les mettre dans la cuve du robot cuiseur avec le quinoa et le cube de bouillon de légumes. Verser deux fois le volume du quinoa en eau. Saler et poivrer.

2 Fermer le couvercle et choisir la fonction **CUISSON SOUS PRESSION** pour 15 minutes.

Gnocchis

potimarron noisettes

10 MIN | 5 MIN | 4 PERSONNES

600 g de potimarron

400 g de gnocchis de pomme de terre

30 cl de boisson aux noisettes bio

150 g de noisettes grillées

1. Éplucher le potimarron et le couper en petits dés. Les mettre dans la cuve du robot cuiseur avec les gnocchis. Verser la boisson aux noisettes, saler et poivrer.

2. Fermer le couvercle et choisir la fonction **CUISSON SOUS PRESSION** pour 5 minutes.

3. Après la cuisson, égoutter les gnocchis et écraser grossièrement les morceaux de potimarron. Disposer cette purée dans un plat de service avec les gnocchis dessus. Parsemer de noisettes concassées.

Galettes

végétariennes

10 MIN | 12 MIN | 4 PERSONNES

300 g de légumes pour coleslaw

1 c. à soupe d'huile de sésame

1 sachet d'épices indiennes

2 c. à soupe de protéines de soja

150 g de lentilles corail

1 c. à soupe de sauce tamari

50 cl de lait de soja

1. Choisir la fonction DORER du robot cuiseur. Faire revenir pendant 2 minutes les légumes dans l'huile. Saupoudrer d'épices, saler et poivrer.

2. Arrêter la fonction DORER. Ajouter les protéines de soja, les lentilles, le tamari et le lait de soja. Fermer le couvercle et choisir la fonction CUISSON SOUS PRESSION pour 10 minutes.

3. Après la cuisson, prendre de grosses cuillerées de préparation et leur donner la forme d'une boule aplatie. Servir avec des feuilles de salade ou du pain pita.

Riz

pilaf au brocoli

10 MIN | 11 MIN | 4 PERSONNES

1 c. à café d'huile d'olive

1 oignon

300 g de riz

1 tête de brocoli

1 cube de bouillon de légumes

1. Choisir la fonction DORER du robot cuiseur. Faire revenir pendant 3 minutes dans l'huile chaude l'oignon épluché et émincé et le riz. Bien mélanger jusqu'à ce que le riz devienne translucide. Ajouter les petits bouquets de brocoli. Verser 30 cl d'eau, ajouter le cube de bouillon de légumes, saler et poivrer.

2. Arrêter la fonction DORER. Fermer le couvercle et choisir la fonction CUISSON SOUS PRESSION pour 8 minutes.

Riz au bouillon d'herbes

1 c. à café d'huile d'olive

2 cives

300 g de riz basmati

1 cube de bouillon de volaille

3 c. à soupe de persil plat ciselé

3 c. à soupe de coriandre ciselée

10 MIN | 12 MIN | 4 PERSONNES

1. Choisir la fonction **DORER** du robot cuiseur. Faire griller 2 minutes dans l'huile d'olive les cives coupées en deux dans le sens de la longueur. Ajouter le riz, mélanger, verser 30 cl de bouillon de volaille, saler et poivrer. Arrêter la fonction **DORER**.

2. Fermer le couvercle et choisir la fonction **CUISSON SOUS PRESSION** pour 10 minutes.

3. Après la cuisson, ouvrir le couvercle, ajouter les herbes ciselées et mélanger.

Dhal

lentilles jaunes au curry

10 MIN | 10 MIN | 4 PERSONNES

250 g de lentilles jaunes

1 oignon

2 gousses d'ail écrasées

40 cl de lait de coco

1 c. à soupe d'épices pour curry

1 c. à café d'huile de sésame

1. Mettre les lentilles, l'oignon épluché et émincé et l'ail dans la cuve du robot cuiseur. Verser le lait de coco et saupoudrer d'épices. Saler.

2. Fermer le couvercle et choisir la fonction **CUISSON SOUS PRESSION** pour 10 minutes.

3. Après la cuisson, ouvrir le couvercle, verser l'huile de sésame, mélanger et présenter dans un saladier.

Couscous

aux herbes et aux épices

10 MIN | 10 MIN | 4 PERSONNES

1 sachet d'infusion pour légumes (ou 1 cube)

350 g de couscous

1 sachet d'épices pour couscous

2 c. à soupe de menthe ciselée

2 c. à soupe de coriandre ciselée

1 citron confit

1. Verser 30 cl de bouillon de légumes dans la cuve du robot cuiseur. Tapisser le panier du robot d'un torchon très fin ou d'une feuille de papier cuisson percée de trous.

2. Verser le couscous et les épices dans le panier et le poser dans la cuve. Fermer le couvercle et choisir la fonction **CUISSON SOUS PRESSION** pour 10 minutes.

3. Après la cuisson, verser la semoule dans un saladier, bien l'émietter avec les doigts ou deux fourchettes. Ajouter les herbes ciselées et le citron confit coupé en petits quartiers. Le bouillon de cuisson servira à humidifier le couscous.

Épeautre

courge et dattes

300 g d'épeautre

600 g de courge coupée en morceaux (surgelée)

1 cube de bouillon de légumes

1 sachet d'épices marocaines

10 dattes

10 MIN | 15 MIN | 4 PERSONNES

1. Mettre dans la cuve du robot cuiseur l'épeautre, les morceaux de courge et le cube de bouillon de légumes. Verser 75 cl d'eau, saler et ajouter les épices marocaines.

2. Fermer le couvercle et choisir la fonction **CUISSON SOUS PRESSION** pour 15 minutes.

3. Après la cuisson, si besoin, égoutter l'épeautre, le verser dans un saladier et poivrer. Ajouter les dates dénoyautées et coupées en deux dans la longueur.

Boulgour

aux jeunes poireaux

15 MIN | 11 MIN | 4 PERSONNES

700 g de jeunes poireaux

1 oignon

1 c. à soupe d'huile d'olive

250 g de boulgour

1 cube de bouillon de légumes

4 branches de coriandre

1. Éplucher les poireaux, les couper en deux dans le sens de la longueur. Choisir la fonction **DORER** du robot cuiseur. Dans la cuve, faire revenir les poireaux et l'oignon épluché et émincé pendant 3 minutes dans l'huile chaude. Arrêter la fonction **DORER**.

2. Ajouter le boulgour et verser 35 cl de bouillon de légumes. Fermer le couvercle et choisir la fonction **CUISSON SOUS PRESSION** pour 8 minutes.

3. Après la cuisson, présenter dans un saladier et parsemer de feuilles de coriandre ciselées.

Millet

asperges jus d'orange

15 MIN | 19 MIN | 4 PERSONNES

300 g d'asperges

2 oranges

200 g de millet

1 Retirer les extrémités des asperges, les peler, les couper en tronçons de 3 cm. Réserver les pointes. Prélever le zeste de 1 orange et presser les 2. Faire cuire 4 minutes les tronçons d'asperge dans 50 cl d'eau mélangés au jus des oranges.

2 Mettre le millet dans la cuve du robot cuiseur, ainsi que les asperges et leur jus de cuisson. Fermer le couvercle et choisir la fonction **CUISSON SOUS PRESSION** pour 15 minutes.

3 Après la cuisson, ouvrir le couvercle, ajouter les pointes d'asperge et le zeste de l'orange. Rabattre le couvercle sans le fermer pour 5 minutes.

Épeautre

pistaches et persil

10 MIN | 17 MIN | 4 PERSONNES

1 oignon rouge

1 c. à café d'huile d'olive

250 g d'épeautre

1 cube de bouillon de légumes

100 g de pistaches nature

½ bouquet de persil plat

1 Choisir la fonction **DORER** du robot cuiseur. Dans la cuve, faire revenir l'oignon épluché et émincé 2 minutes dans l'huile chaude. Mélanger et ajouter l'épeautre après l'avoir bien rincé. Arrêter la fonction **DORER**.

2 Verser 75 cl de bouillon de légumes. Saler et poivrer. Fermer le couvercle et choisir la fonction **CUISSON SOUS PRESSION** pour 15 minutes.

3 Après la cuisson, égoutter l'épeautre, le verser dans un saladier et parsemer de pistaches concassées et de persil ciselé. Ajouter éventuellement 1 cuillerée à soupe d'huile d'olive ou 30 g de beurre.

Quinoa

à la tomate

300 g de quinoa

1 boîte de pulpe de tomate en dés (350 g environ)

1 c. à café d'herbes de Provence

8 tomates cerises

3 branches de basilic

1 c. à soupe d'huile d'olive

10 MIN | 12 MIN | 4 PERSONNES

1. Mettre dans la cuve du robot cuiseur le quinoa, les tomates et leur jus. Saler, poivrer et ajouter les herbes de Provence. Verser 1 fois et demie le volume du quinoa en eau.

2. Fermer le couvercle et choisir la fonction **CUISSON SOUS PRESSION** pour 12 minutes.

3. Après la cuisson, verser dans un saladier, ajouter les tomates cerises coupées en deux, le basilic ciselé et l'huile d'olive.

Mélange

pois chiches, épinards, piment d'Espelette

15 MIN | 6 MIN | 4 PERSONNES

1 c. à soupe d'huile d'olive

1 oignon

2 gousses d'ail écrasées

1 piment rouge doux (ou poivron rouge)

700 g d'épinards

1 boîte de pois chiches (300 g environ)

1 c. à café de piment d'Espelette

1. Choisir la fonction **DORER** du robot cuiseur. Dans la cuve, faire revenir pendant 3 minutes, dans l'huile chaude, l'oignon épluché et émincé, l'ail, le piment émincé et les épinards équeutés. Saler et poivrer. Ajouter les pois chiches. Saupoudrer de la moitié du piment d'Espelette. Arrêter la fonction **DORER**.

2. Verser 10 cl d'eau, fermer le couvercle et choisir la fonction **CUISSON SOUS PRESSION** pour 3 minutes.

3. Après la cuisson, ouvrir le couvercle, verser dans un saladier et saupoudrer du piment d'Espelette restant.

Légumes

Velouté

potimarron aux châtaignes

10 MIN | 15 MIN | 4 PERSONNES

1 potimarron

1 sachet de châtaignes bio sous vide (environ 200 g)

1 cube de bouillon de volaille

1 c. à café de noix de muscade râpée

1. Éplucher le potimarron et le couper en cubes. Les déposer dans la cuve du robot cuiseur avec les châtaignes. Saler, poivrer, ajouter le cube de bouillon et verser 75 cl d'eau.

2. Fermer le couvercle, choisir la fonction **CUISSON SOUS PRESSION** et laisser cuire 15 minutes.

3. Après la cuisson, mixer les légumes et saupoudrer de noix de muscade.

Velouté

carottes au cumin

10 MIN | 10 MIN | 4 PERSONNES

1 kg de carottes

1 orange à jus

1 c. à soupe de graines de cumin

2 c. à soupe de crème fraîche épaisse

1 c. à soupe de cumin en poudre

1. Dans la cuve du robot cuiseur, placer les carottes pelées et coupées en rondelles et verser le jus de l'orange. Saupoudrer de graines de cumin et ajouter 75 cl d'eau. Saler et poivrer.

2. Fermer le couvercle, choisir la fonction **CUISSON SOUS PRESSION** et laisser cuire 10 minutes.

3. Après la cuisson, mixer les carottes, ajouter la crème fraîche et saupoudrer de cumin.

Soupe

patate douce

700 g de patates douces

1 c. à café
de gingembre râpé

1 citron vert

1 gousse d'ail

1 cube de bouillon
de poule

1 c. à café de cumin

1 bouquet de coriandre

10 MIN | 15 MIN | 4 PERSONNES

1. Mettre dans la cuve du robot cuiseur les patates douces pelées et coupées en dés. Ajouter le gingembre, le jus du citron, la gousse d'ail pelée et le cube de bouillon. Verser 70 cl d'eau. Saler et poivrer.

2. Fermer le couvercle, choisir la fonction **CUISSON SOUS PRESSION** et laisser cuire 15 minutes.

3. Après la cuisson, mixer, saupoudrer de cumin et de coriandre ciselée.

Soupe

petits pois

5 MIN | 12 MIN | 4 PERSONNES

700 g de petits pois (300 g de petits pois écossés)

1 petit fenouil

2 oignons nouveaux

1 cube de bouillon de volaille

½ bouquet de menthe

1. Écosser les petits pois. Éplucher le fenouil et l'émincer. Peler les oignons en gardant un peu de tige verte et les couper dans le sens de la longueur.

2. Mettre les légumes dans la cuve du robot cuiseur, émietter le cube de bouillon, verser 75 cl d'eau, saler et poivrer. Fermer le couvercle, choisir la fonction **CUISSON SOUS PRESSION** et laisser cuire 12 minutes.

3. Après la cuisson, mixer, ciseler les feuilles de menthe et les répartir sur la soupe.

Soupe

pois cassés

10 MIN | 15 MIN | 4 PERSONNES

200 g de pois cassés

1 gousse d'ail

1 c. à soupe
de gomasio bio

1 cube de bouillon
de poule

1. Mettre les pois cassés et la gousse d'ail pelée et émincée dans la cuve du robot cuiseur. Saupoudrer de gomasio. Ajouter le cube de bouillon et verser 75 cl d'eau.

2. Fermer le couvercle, choisir la fonction **CUISSON SOUS PRESSION** et laisser cuire 15 minutes.

3. Après la cuisson, ouvrir le couvercle, mixer et poivrer.

Velouté

céleri et champignons

10 MIN | 10 MIN | 4 PERSONNES

1 bulbe de céleri

1 oignon

300 g de champignons de Paris

20 cl de crème liquide

1 Dans la cuve du robot cuiseur, déposer le céleri et l'oignon, pelés et émincés, et les champignons équeutés, lavés et émincés. Saler et poivrer. Verser 75 cl d'eau.

2 Fermer le couvercle, choisir la fonction **CUISSON SOUS PRESSION** pour 10 minutes.

3 Après la cuisson, mixer et verser la crème liquide.

Soupe

pistou

10 MIN | 8 MIN | 4 PERSONNES

1 kg de légumes surgelés mélangés pour soupe au pistou

1 boîte de haricots blancs (200 g)

1 boîte de tomates pelées (200 g)

150 g de macaronis

1 pot de pesto (180 g)

100 g de parmesan râpé

1. Mettre les légumes surgelés dans la cuve du robot cuiseur, ajouter les haricots blancs, les tomates et les pâtes. Saler et poivrer. Ajouter 30 cl d'eau.

2. Fermer le couvercle, choisir la fonction **CUISSON SOUS PRESSION** pour 8 minutes.

3. Après la cuisson, verser en soupière et présenter le pesto et le parmesan râpé à côté.

Velouté

courgettes au fromage frais de brebis

5 MIN | 8 MIN | 4 PERSONNES

1 kg de courgettes

2 pommes de terre

3 branches de menthe

200 g de fromage frais de brebis

1. Laver les courgettes, peler les pommes de terre, couper le tout en dés et les mettre dans la cuve du robot cuiseur. Verser 75 cl d'eau, saler et poivrer.

2. Fermer le couvercle, choisir la fonction **CUISSON SOUS PRESSION** et laisser cuire 8 minutes.

3. Après la cuisson, mixer, verser dans un saladier, ciseler les feuilles de menthe et émietter le fromage de brebis sur la soupe.

Soupe

lentilles corail au lait de coco

5 MIN | 6 MIN | 4 PERSONNES

1 oignon

1 carotte

1 c. à café d'huile de sésame grillé

300 g de lentilles corail

25 cl de lait de coco

1 bouquet de coriandre

1. Choisir la fonction **DORER** du robot cuiseur pour 3 minutes. Faire rissoler l'oignon émincé et la carotte coupée en rondelles dans l'huile. Arrêter la fonction **DORER**.

2. Ajouter les lentilles et 50 cl d'eau. Saler et poivrer. Fermer le couvercle et choisir la fonction **CUISSON SOUS PRESSION** pour 3 minutes.

3. Après la cuisson, verser le lait de coco, mixer la soupe et la parsemer de coriandre ciselée.

Soupe

légumes-racines

1 céleri boule

2 rutabagas

3 cerfeuils tubéreux

2 carottes

2 oignons

2 topinambours

1 bouquet de cerfeuil

10 MIN | 14 MIN | 4 PERSONNES

1. Éplucher les légumes, les couper en dés et les mettre dans la cuve du robot cuiseur. Verser 75 cl d'eau. Saler et poivrer.

2. Fermer le couvercle, choisir la fonction **CUISSON SOUS PRESSION** pour 14 minutes.

3. Après la cuisson, saupoudrer la soupe de cerfeuil ciselé.

Crème

haricots blancs

5 MIN | 8 MIN | 4 PERSONNES

1 c. à soupe d'huile d'olive

3 oignons

1 gousse d'ail

1 grosse boîte de haricots blancs

1 cube de bouillon de légumes

2 portions de La vache qui rit®

1 Dans la cuve du robot cuiseur, choisir la fonction **DORER**. Faire revenir dans l'huile les oignons et l'ail émincés. Laisser cuire 4 minutes.

2 Ajouter les haricots blancs, verser 20 cl de bouillon de légumes, saler et poivrer. Arrêter la fonction **DORER**. Fermer le couvercle, choisir la fonction **CUISSON SOUS PRESSION** pour 4 minutes.

3 Après la cuisson, ajouter les portions de La vache qui rit et mixer.

Crème

champignons

10 MIN | 12 MIN | 4 PERSONNES

500 g de champignons de Paris

200 g de champignons des bois

1 oignon

30 g de beurre

1 cube de bouillon de légumes

20 cl de crème liquide

1. Couper les pieds des champignons de Paris, essuyer les champignons des bois. Choisir la fonction **DORER** pour 4 minutes. Faire revenir l'oignon émincé dans le beurre fondu, ajouter les champignons. Émietter le cube de bouillon. Saler, poivrer. Arrêter la fonction **DORER**.

2. Verser 35 cl d'eau, fermer le couvercle, passer en fonction **CUISSON SOUS PRESSION** pour 8 minutes.

3. Après la cuisson, mixer, verser la crème liquide et mélanger.

Velouté

châtaignes et oignons

10 MIN | 10 MIN | 4 PERSONNES

3 oignons

1 gousse d'ail

1 sachet de châtaignes bio sous vide (200 g)

cube de bouillon de volaille

25 cl de lait

1. Peler et émincer les oignons et l'ail. Les mettre dans la cuve du robot cuiseur avec les châtaignes. Émietter le cube de bouillon, saler et bien poivrer. Verser 50 cl d'eau.

2. Fermer le couvercle et choisir la fonction **CUISSON SOUS PRESSION** pour 10 minutes.

3. Après la cuisson, verser le lait et mixer.

Velouté

haricots verts à l'estragon

10 MIN | 10 MIN | 4 PERSONNES

500 g de haricots verts

1 pomme de terre

1 fenouil

1 cube de bouillon de légumes

½ bouquet d'estragon

1. Effiler les haricots verts, peler la pomme de terre et le fenouil, les couper en dés.

2. Mettre les légumes dans la cuve du robot cuiseur. Émietter le cube de bouillon, saler, poivrer et verser 70 cl d'eau.

3. Fermer le couvercle, choisir la fonction **CUISSON SOUS PRESSION** pour 10 minutes. Après la cuisson, décorer la soupe de feuilles d'estragon ciselées.

Soupe

tomates lentilles

5 MIN | 8 MIN | 4 PERSONNES

1 branche de céleri

1 oignon

1 gousse d'ail

1 boîte de tomates pelées
(500 g environ)

250 g de lentilles

1. Dans la cuve du robot cuiseur, mettre le céleri lavé et coupé en dés, l'oignon et l'ail pelés et émincés. Ajouter les tomates pelées avec leur jus et les lentilles. Saler, poivrer et ajouter 50 cl d'eau.

2. Fermer le couvercle et choisir la fonction **CUISSON SOUS PRESSION** pour 8 minutes.

Mijoté

tajine de petits légumes

15 MIN | 12 MIN | 4 PERSONNES

1 c. à soupe d'huile d'olive

1 oignon

2 gousses d'ail écrasées

2 poivrons (1 rouge, 1 vert)

3 carottes

2 courgettes

1 boîte de pulpe de tomate (400 g environ)

1 sachet d'épices pour tajine

1. Choisir la fonction **DORER** du robot cuiseur. Dans la cuve, faire revenir pendant 2 minutes dans l'huile chaude l'oignon épluché et émincé, l'ail et les poivrons coupés en fines lamelles. Mélanger. Arrêter la fonction **DORER**.

2. Ajouter les carottes et les courgettes coupées en rondelles. Verser la pulpe de tomate, saler, poivrer et saupoudrer d'épices pour tajine. Verser 15 cl d'eau.

3. Fermer le couvercle. Choisir la fonction **CUISSON SOUS PRESSION** pour 10 minutes.

Tartinade

caviar d'aubergine

10 MIN | 7 MIN | 4 PERSONNES

3 aubergines

2 oignons

3 gousses d'ail écrasées

1 c. à café de cumin en poudre

1 c. à café d'huile d'olive

1 Couper les aubergines en gros dés et ôter les pédoncules. Les mettre dans le panier du robot cuiseur avec les oignons épluchés et émincés, et l'ail. Saler, poivrer et saupoudrer de cumin.

2 Verser 20 cl d'eau dans la cuve. Fermer le couvercle et choisir la fonction **CUISSON SOUS PRESSION** pour 7 minutes.

3 Après la cuisson, mixer les aubergines avec l'huile d'olive.

Tartinade

artichauts et fèves

8 fonds d'artichaut surgelés

200 g de fèves jeunes pelées (surgelées)

1 oignon rouge

1 c. à soupe de tapenade noire

2 c. à soupe d'huile d'olive

1 bouquet de coriandre

10 MIN | 15 MIN | 4 PERSONNES

1. Mettre les fonds d'artichaut dans la cuve du robot cuiseur, verser 20 cl d'eau, saler et poivrer. Fermer le couvercle et choisir la fonction **CUISSON SOUS PRESSION** pour 10 minutes.

2. Après la cuisson, ouvrir le couvercle, ajouter les fèves, rabattre le couvercle sans le fermer et laisser les fèves cuire à la chaleur de la cuve pendant 5 minutes.

3. Émincer les fonds d'artichaut, les mélanger avec les fèves et ajouter l'oignon rouge épluché et émincé. Délayer la tapenade dans l'huile d'olive. Verser sur les légumes. Vérifier l'assaisonnement et saupoudrer de coriandre ciselée.

Mijoté

épinards, oignons caramélisés, lentilles

10 MIN | 12 MIN | 4 PERSONNES

1 c. à soupe d'huile d'olive

4 oignons doux

1 c. à café de gingembre en poudre

1 c. à soupe de sauce soja sucrée

500 g d'épinards (frais ou surgelés)

200 g de lentilles

1. Choisir la fonction DORER du robot cuiseur. Dans la cuve, faire revenir pendant 4 minutes dans l'huile chaude les oignons épluchés et émincés et le gingembre. Verser la sauce soja et mélanger. Ajouter les épinards. Arrêter la fonction DORER.

2. Ajouter les lentilles et verser 25 cl d'eau. Saler et poivrer.

3. Fermer le couvercle et choisir la fonction CUISSON SOUS PRESSION pour 8 minutes.

Vapeur

chou-fleur & vinaigrette au sésame

10 MIN | 8 MIN | 4 PERSONNES

1 chou-fleur

1 c. à soupe de sauce nuoc-mâm

3 c. à soupe de vinaigre de riz

3 c. à soupe d'huile de tournesol

1 c. à soupe de citronnelle en poudre

2 c. à soupe de coriandre ciselée

2 c. à soupe de graines de sésame torréfiées

1 Poser le chou-fleur débarrassé du trognon et des feuilles vertes dans le panier du robot cuiseur. Saler et verser 20 cl d'eau dans la cuve.

2 Fermer le couvercle et choisir la fonction **CUISSON SOUS PRESSION** pour 8 minutes.

3 Mélanger les ingrédients de la sauce : nuoc-mâm, vinaigre, huile et citronnelle. Saler, poivrer et mélanger. Ajouter la coriandre et les graines de sésame. Servir le chou-fleur tiède accompagné de vinaigrette.

Vapeur

légumes au sésame

10 MIN | 7 MIN | 4 PERSONNES

1 botte de carottes nouvelles

4 pommes de terre moyennes

4 petits oignons blancs

1 tête de brocoli

1 branche de céleri

2 c. à soupe de pâte de sésame (ou tahini)

2 c. à soupe de graines de sésame grillées

1. Éplucher les légumes, couper les carottes en rondelles (les laisser entières si elles sont petites), couper les pommes de terre en quatre, laisser les oignons entiers s'ils sont petits, couper le brocoli en petits bouquets et la branche de céleri en cubes.

2. Mettre tous les légumes dans le panier du robot cuiseur. Saler, poivrer et verser 20 cl d'eau dans la cuve. Fermer le couvercle et choisir la fonction **CUISSON SOUS PRESSION** pour 7 minutes.

3. Après la cuisson, verser dans un saladier, ajouter la pâte de sésame, mélanger délicatement et saupoudrer de graines de sésame.

Vapeur

fenouil au beurre d'anchois

10 MIN | 12 MIN | 4 PERSONNES

4 fenouils

1 cube de bouillon de légumes

75 g de beurre doux ramolli

10 filets d'anchois

1. Couper la base des bulbes de fenouil les laisser entiers et les déposer dans le panier du robot cuiseur. Saler et poivrer. Verser 20 cl de bouillon de légumes.

2. Fermer le couvercle et choisir la fonction **CUISSON SOUS PRESSION** pour 12 minutes. Pendant ce temps, écraser à la fourchette ou mixer le beurre et les filets d'anchois.

3. Après la cuisson, présenter les fenouils ouverts en deux dans un plat et les tartiner de beurre d'anchois.

OPINEL
INOX
OPINEL
SAVOIE FRANCE

Farcis

courgettes rondes au tofu

10 MIN | 12 MIN | 4 PERSONNES

4 courgettes rondes

1 c. à café d'huile de sésame grillé

50 g d'épeautre cuit

½ poivron rouge

1 chou pak-choï (petit)

200 g de tofu (nature ou fumé)

1 gousse d'ail écrasée

1 Laver les courgettes, couper leur chapeau et les évider. Couper la chair en petits dés.

2 Choisir la fonction **DORER** du robot cuiseur. Dans la cuve, faire revenir pendant 2 minutes, dans l'huile chaude, les dés de courgette, l'épeautre cuit, le poivron coupé en petits dés, le vert du chou coupé en fines lanières, le tofu en dés et l'ail écrasé. Mélanger, saler et poivrer. Arrêter la fonction **DORER**.

3 Farcir les courgettes de ce hachis, remettre les chapeaux dessus et les placer dans le panier du robot cuiseur. Verser 20 cl d'eau dans la cuve.

4 Fermer le couvercle et choisir la fonction **CUISSON SOUS PRESSION** pour 10 minutes.

Farcis

pâtisson riz et raisins

15 MIN | 18 MIN | 4 PERSONNES

1 pâtisson

100 g de riz basmati cuit

50 g de raisins blonds macérés dans du thé

2 c. à soupe d'épinards cuits (ou surgelés)

1 oignon

1 c. à café de gomasio

1 Couper un chapeau au pâtisson, l'évider, jeter les graines et couper la chair en dés. Dans un bol, mélanger le riz, les raisins égouttés, les épinards, l'oignon épluché et émincé finement et la chair du pâtisson. Saler avec le gomasio et poivrer. Remettre le chapeau.

2 Poser le pâtisson dans le panier du robot cuiseur. Verser 20 cl d'eau dans la cuve. Fermer le couvercle et choisir la fonction **CUISSON SOUS PRESSION** pour 18 minutes.

Farcis

poivrons à la feta

15 MIN | 15 MIN | 4 PERSONNES

4 poivrons de couleur différente

1 fenouil

200 g de feta

100 g de riz basmati cuit

150 g de dés de tomate égouttés

1 sachet d'épices méditerranéennes

1 Couper un chapeau aux poivrons, ôter les graines et les filaments blancs. Dans un bol, réunir le fenouil et la feta coupés en cubes, le riz et les dés de tomate. Saupoudrer d'épices et poivrer.

2 Farcir les poivrons de cette garniture, remettre les chapeaux dessus et les disposer dans le panier du robot cuiseur.

3 Verser 20 cl d'eau dans la cuve, fermer le couvercle et choisir la fonction **CUISSON SOUS PRESSION** pour 15 minutes.

Mijoté

légumes à la bohémienne

15 MIN | 10 MIN | 4 PERSONNES

1 c. à soupe d'huile d'olive

2 oignons

2 gousses d'ail

3 aubergines

4 tomates pelées et épépinées

1 c. à café de sarriette

1 c. à café de paprika

1 Choisir la fonction **DORER** du robot cuiseur. Dans la cuve, faire revenir pendant 2 minutes dans l'huile chaude les oignons et l'ail pelés et émincés, les aubergines et les tomates coupées en dés. Saler, poivrer et saupoudrer de sarriette et de paprika. Mélanger. Arrêter la fonction **DORER**.

2 Fermer le couvercle et choisir la fonction **CUISSON SOUS PRESSION** pour 8 minutes.

Mijoté

choux de Bruxelles, oignons, lardons

10 MIN | 12 MIN | 4 PERSONNES

200 g de lardons

2 oignons

600 g de choux de Bruxelles

Le jus et les zestes de 1 orange

1. Choisir la fonction **DORER** du robot cuiseur. Dans la cuve, faire revenir pendant 2 minutes les lardons et les oignons épluchés et émincés. Ajouter les choux de Bruxelles épluchés. Verser le jus d'orange et 15 cl d'eau. Saler et poivrer. Arrêter la fonction **DORER**.

2. Fermer le couvercle et choisir la fonction **CUISSON SOUS PRESSION** pour 10 minutes.

3. Après la cuisson, ouvrir le couvercle. Verser dans un saladier et répartir les zestes d'orange.

Vapeur

légumes au raifort

10 MIN | 14 MIN | 4 PERSONNES

1 boule de céleri

1 panais

2 carottes

3 pommes de terre

1 radis noir

1 cube de bouillon de légumes

1 c. à soupe de raifort

1. Peler le céleri, le panais, les carottes et les pommes de terre. Brosser le radis noir. Couper tous les légumes en rondelles ou en gros dés. Les mettre dans la cuve du robot cuiseur. Verser 20 cl de bouillon de légumes. Saler et poivrer.

2. Fermer le couvercle et choisir la fonction **CUISSON SOUS PRESSION** pour 14 minutes.

3. Après la cuisson, mettre les légumes dans un saladier, les égoutter s'il reste trop de jus, ajouter la sauce raifort et mélanger.

Mijoté

caponata

1 c. à soupe d'huile d'olive

800 g de légumes pour ratatouille (frais ou surgelés)

1 c. à soupe d'épices pour ratatouille

1 c. à soupe de vinaigre de vin rouge

1 c. à soupe de câpres

10 MIN | 10 MIN | 4 PERSONNES

1. Choisir la fonction **DORER** du robot cuiseur. Dans la cuve, faire revenir pendant 2 minutes dans l'huile chaude les légumes pour ratatouille. Mélanger, saler et poivrer. Saupoudrer d'épices. Arrêter la fonction **DORER**.

2. Fermer le couvercle et choisir la fonction **CUISSON SOUS PRESSION** pour 8 minutes.

3. Après la cuisson, ouvrir le couvercle et verser la caponata dans un saladier. Ajouter le vinaigre et les câpres. Mélanger.

Compotée

fenouil, olives, tomate

10 MIN | 8 MIN | 4 PERSONNES

4 fenouils

1 boîte de pulpe de tomate (400 g environ)

1 pot de tapenade (100 g environ)

10 olives noires

4 branches d'aneth

1. Couper la base des fenouils, les émincer, les mettre dans la cuve du robot cuiseur, verser la pulpe de tomate et la tapenade. Saler et poivrer.

2. Fermer le couvercle et choisir la fonction **CUISSON SOUS PRESSION** pour 8 minutes.

3. Après la cuisson, ajouter les olives noires et les pluches d'aneth.

Vapeur

brocolis petits pois, œuf mimosa

10 MIN | 5 MIN | 4 PERSONNES

1 grosse tête de brocoli

300 g de petits pois (surgelés)

250 g de jeunes fèves (surgelées)

4 œufs durs

1 c. à soupe d'huile d'olive

4 branches de persil plat

1. Couper le brocoli en petits bouquets et les mettre dans le panier du robot cuiseur. Ajouter les petits pois et les fèves. Verser 20 cl d'eau dans le fond de la cuve. Saler et poivrer.

2. Fermer le couvercle et choisir la fonction **CUISSON SOUS PRESSION** pour 5 minutes. Pendant ce temps, couper très finement les œufs durs.

3. Après la cuisson, verser les légumes dans un saladier, arroser d'huile d'olive et parsemer d'œufs et de persil ciselé.

Vapeur

petit épeautre, ricotta & épinards

10 MIN | 15 MIN | 4 PERSONNES

300 g de petit épeautre

500 g d'épinards surgelés

1 cube de bouillon de légumes

300 g de ricotta

1 Réunir dans la cuve du robot cuiseur le petit épeautre, les épinards et 75 cl de bouillon de légumes. Saler et poivrer.

2 Fermer le couvercle et choisir la fonction **CUISSON SOUS PRESSION** pour 15 minutes.

3 Après la cuisson, égoutter les légumes, les mettre dans un saladier, ajouter la ricotta et rectifier l'assaisonnement.

Frittata

aux épinards

10 MIN | 8 MIN | 4 PERSONNES

2 c. à soupe d'huile d'olive

500 g d'épinards surgelés

1 oignon

6 œufs

15 cl de lait de soja

1. Choisir la fonction **DORER** du robot cuiseur. Dans la cuve, faire chauffer l'huile d'olive et y faire revenir pendant 3 minutes les épinards et l'oignon épluché et émincé. Saler et poivrer.

2. Battre les œufs avec le lait de soja. Verser dans la cuve sur les épinards. Arrêter la fonction **DORER**.

3. Fermer le couvercle et choisir la fonction **CUISSON SOUS PRESSION** pour 5 minutes. Après la cuisson, ouvrir le couvercle et retourner la frittata dans un grand plat.

Flan

pimientos au chèvre

10 MIN | 12 MIN | 4 PERSONNES

4 œufs

2 c. à soupe d'arrow-root

20 cl de lait
(ou de lait de soja)

8 pimientos (en bocal)

1 crottin de chèvre

1 c. à café de piment
d'Espelette

1. Battre les œufs avec l'arrow-root et le lait. Saler et poivrer. Ajouter les pimientos coupés en petits morceaux, le crottin émietté et saupoudrer de piment d'Espelette.

2. Répartir la préparation dans quatre moules en aluminium, les filmer et les déposer dans le panier du robot cuiseur. Ils peuvent se chevaucher mais pas être empilés.

3. Verser 20 cl d'eau dans la cuve et poser le panier. Fermer le couvercle et choisir la fonction **CUISSON SOUS PRESSION** pour 12 minutes.

Papillotes

légumes à l'aïoli

10 MIN | 8 MIN | 4 PERSONNES

2 carottes

2 courgettes

4 petites pommes de terre nouvelles

1 concombre

8 radis roses

1 bocal d'aïoli

1. Peler les carottes et les couper en fines lamelles. Couper les extrémités des courgettes et réaliser des tronçons de 3 cm. Laver les pommes de terre, laisser la peau et les couper en deux. Couper les extrémités du concombre et le couper en tronçons. Laver les radis.

2. Répartir les légumes dans quatre feuilles de papier cuisson. Saler et poivrer. Refermer les papillotes et les déposer dans le panier du robot cuiseur.

3. Verser 20 cl d'eau dans la cuve. Fermer le couvercle et choisir la fonction **CUISSON SOUS PRESSION** pour 8 minutes. Après la cuisson, présenter les papillotes accompagnées d'aïoli.

Mijoté

curry d'aubergine

10 MIN | 7 MIN | 4 PERSONNES

1 c. à soupe d'huile de sésame grillé

3 aubergines

1 c. à soupe de curry rouge (poudre ou pâte)

1 c. à café de gingembre en poudre

1 c. à café de cardamome en poudre

1. Choisir la fonction DORER du robot cuiseur. Dans la cuve, faire revenir pendant 1 minute dans l'huile chaude les aubergines coupées en dés. Ajouter le curry, le gingembre et la cardamome. Arrêter la fonction DORER. Ajouter 1 cuillerée à soupe d'eau.

2. Fermer le couvercle et choisir la fonction CUISSON SOUS PRESSION pour 6 minutes.

Mijoté

carottes, crème & emmental

10 MIN | 7 MIN | 4 PERSONNES

4 carottes

100 g d'emmental coupé en fines lamelles

20 cl de crème

1 c. à café de cumin râpé

25 g d'emmental râpé

1. Peler les carottes et les couper en rondelles. Les déposer dans la cuve du robot cuiseur avec quelques lamelles d'emmental et verser la crème. Saler et poivrer. Saupoudrer de cumin.

2. Fermer le couvercle et choisir la fonction **CUISSON SOUS PRESSION** pour 7 minutes.

3. Après la cuisson, mettre les carottes dans un saladier et parsemer d'emmental râpé.

Vapeur

légumes nouveaux au tofu fumé

10 MIN | 10 MIN | 4 PERSONNES

4 petites carottes (ou 2 grandes) en botte

6 pommes de terre nouvelles

200 g de pois gourmands (surgelés)

200 g de petits pois (surgelés)

250 g de tofu fumé

1 bouquet de ciboulette

1. Peler les carottes et les couper en tronçons. Ne pas peler les pommes de terre. Les couper en deux ou en quatre selon leur taille. Mettre tous les légumes dans le panier du robot cuiseur avec le tofu coupé en lamelles. Saler, poivrer et verser 20 cl d'eau dans le fond de la cuve.

2. Fermer le couvercle et choisir la fonction **CUISSON SOUS PRESSION** pour 10 minutes.

3. Après la cuisson, ouvrir le couvercle et présenter les légumes dans un saladier avec de la ciboulette ciselée.

Purée

aligot

10 MIN | 30 MIN | 4 PERSONNES

1 kg de pommes de terre

2 gousses d'ail

30 cl de lait chaud

400 g de tomme fraîche

1 c. à café
de quatre-épices

1 Peler les pommes de terre, les couper en quatre, les mettre dans le panier du robot cuiseur avec les gousses d'ail épluchées. Saler et poivrer. Verser 18 cl d'eau dans la cuve.

2 Fermer le couvercle et choisir la fonction **CUISSON SOUS PRESSION** pour 20 minutes.

3 Après la cuisson, vider l'eau de la cuve et y mettre les pommes de terre cuites. Les écraser au presse-purée. Choisir la fonction **MIJOTER** pour environ 10 minutes. Verser le lait chaud et ajouter progressivement la tomme coupée en petits morceaux. Saupoudrer du quatre-épices, remuer régulièrement avec une cuillère en bois jusqu'à ce que l'aligot « file ».

Purée

légumes-racines

15 MIN | 14 MIN | 4 PERSONNES

1 céleri boule

1 panais

1 rutabaga

3 cerfeuils tubéreux

3 pommes de terre

1 c. à soupe de tamari

1 bouquet de cerfeuil

1 Éplucher et couper les légumes en gros dés. Les mettre dans la cuve du robot cuiseur. Verser le tamari et 30 cl d'eau. Saler et poivrer.

2 Fermer le couvercle et choisir la fonction **CUISSON SOUS PRESSION** pour 14 minutes.

3 Après la cuisson, écraser les légumes ou les mixer. Saupoudrer de cerfeuil ciselé.

Desserts

Compotée

pomme, coing, baies

15 MIN | 6 MIN | 4 PERSONNES

4 pommes canada grises ou reinettes

2 coings

500 g de framboises, cassis, mûres

1 c. à soupe de cassonade

1 Peler et épépiner les pommes et les coings. Les couper en quartiers. Nettoyer les fruits rouges sans les laver.

2 Mettre tous les fruits dans la cuve du robot cuiseur. Les saupoudrer de cassonade et ajouter 1 cuillerée à soupe d'eau. Fermer le couvercle et choisir la fonction **CUISSON SOUS PRESSION** pour 6 minutes.

3 Après la cuisson, mélanger sans trop écraser les fruits.

Compotée

poire, rhubarbe, airelles

15 MIN | 5 MIN | 4 PERSONNES

4 poires comice

2 belles tiges de rhubarbe

200 g d'airelles (fraîches, en bocal ou surgelées)

2 c. à soupe de sucre de coco

1. Éplucher les poires et la rhubarbe. Les couper en quartiers. Mettre tous les fruits dans la cuve du robot cuiseur et saupoudrer de sucre. Si les airelles sont en bocal, verser aussi le jus. Sinon, ajouter 1 cuillerée à soupe d'eau.

2. Fermer le couvercle et choisir la fonction **CUISSON SOUS PRESSION** pour 5 minutes.

3. Après la cuisson, mélanger les fruits délicatement et laisser refroidir.

Compotée

figues, mascarpone et pistaches

10 MIN | 5 MIN | 4 PERSONNES

16 figues (fraîches ou surgelées)

1 c. à soupe de sucre vanillé

250 g de mascarpone

1 c. à soupe de sucre glace

50 g de pistaches nature

1. Si les figues sont surgelées, les faire décongeler 1 heure à température ambiante sur un papier absorbant. Les couper en deux, les placer dans le robot cuiseur et les saupoudrer de sucre vanillé. Ajouter 1 cuillerée à soupe d'eau.

2. Fermer le couvercle et choisir la fonction **CUISSON SOUS PRESSION** pour 5 minutes.

3. Pendant ce temps, fouetter le mascarpone avec le sucre glace. Concasser les pistaches. Après la cuisson, disposer les figues dans un plat, ajouter 1 généreuse cuillerée de mascarpone et quelques pistaches.

Pêches pochées

à la verveine

10 MIN | 4 MIN | 4 PERSONNES

4 pêches blanches

1 c. à soupe de cassonade

2 branches de verveine (feuilles séchées)

1. Essuyer les pêches et les poser entières dans la cuve du robot cuiseur. Saupoudrer de cassonade, poser 1 branche de verveine et verser 20 cl d'eau.

2. Fermer le couvercle et choisir la fonction **CUISSON SOUS PRESSION** pour 4 minutes.

3. Après la cuisson, laisser refroidir un peu, peler les pêches et les couper en deux ou en quartiers. Mettre au réfrigérateur et ajouter quelques feuilles fraîches de verveine au moment de servir.

Pommes

farcies aux spéculoos

10 MIN | 4 MIN | 4 PERSONNES

4 pommes reinettes ou boskoop

6 spéculoos

40 g de beurre demi-sel mou

1. Laver les pommes, ne pas les peler et ôter le cœur. Écraser les biscuits ou les mixer et les mélanger au beurre mou. Garnir l'intérieur des pommes avec cette pâte.

2. Poser les pommes dans le panier du robot cuiseur garni d'une feuille de papier cuisson percée de trous. Verser 20 cl d'eau dans la cuve.

3. Fermer le couvercle et choisir la fonction **CUISSON SOUS PRESSION** pour 4 minutes.

Crème

riz au lait

10 MIN | 8 MIN | 4 PERSONNES

100 g de riz rond blanc

100 g de sucre de coco

70 cl de lait entier

1 c. à café de cannelle en poudre

1. Mettre le riz et le sucre dans la cuve du robot cuiseur. Verser le lait.

2. Fermer le couvercle et choisir la fonction **CUISSON SOUS PRESSION** pour 8 minutes.

3. Après la cuisson, laisser tiédir et saupoudrer de cannelle.

Papillotes

poires myrtilles

10 MIN | 4 MIN | 4 PERSONNES

4 poires conférence

200 g de myrtilles
(fraîches ou surgelées)

2 sachets
de sucre vanillé

1 Peler les poires et les couper en quatre. Sur une feuille de papier cuisson, disposer une poire, quelques myrtilles et verser la moitié d'un sachet de sucre vanillé. Fermer les papillotes et les poser dans le panier du robot cuiseur.

2 Fermer le couvercle et choisir la fonction **CUISSON SOUS PRESSION** pour 4 minutes.

3 Après la cuisson, entrouvrir les papillotes pour qu'elles tiédissent.

Crème

au citron

15 MIN | 10 MIN | 4 PERSONNES

4 œufs

2 jaunes d'œufs

150 g de sucre en poudre

1 citron vert

30 cl de crème fleurette

1. Fouetter les œufs, les jaunes et le sucre jusqu'à ce que le mélange blanchisse. Ajouter 2 c. à soupe de jus de citron et le zestes. Verser la crème fleurette.

2. Verser cette préparation dans un moule adapté à la cuve du robot cuiseur (ou dans quatre ou six moules individuels). Le filmer et le poser dans le panier du robot. Verser 20 cl d'eau.

3. Fermer le couvercle et choisir la fonction **CUISSON SOUS PRESSION** pour 10 minutes. Laisser refroidir avant de déguster.

Gâteau
chocolat noisette

15 MIN | 21 MIN | 4 PERSONNES

125 g de beurre

125 g de chocolat noir

2 œufs

75 g de sucre

30 g de farine

20 g de poudre de noisette

1. Faire fondre le beurre et le chocolat 1 minute au micro-ondes. Battre les œufs et le sucre. Y incorporer le mélange chocolat-beurre puis ajouter la farine et la poudre de noisette.

2. Verser la pâte dans un grand moule (ou quatre petits). Le filmer et le poser dans le panier du robot cuiseur.

3. Ajouter 20 cl d'eau dans la cuve. Fermer le couvercle et choisir la fonction **CUISSON SOUS PRESSION** pour 20 minutes. Laisser refroidir avant de démouler.

Gâteau

aux carottes

15 MIN | 30 MIN | 4 PERSONNES

60 g de beurre mou

4 c. à soupe
de sucre d'agave

3 œufs

10 cl de lait

100 g de carottes râpées

1 c. à café de gingembre
en poudre

90 g de farine
à levure incorporée

1. Fouetter le beurre et le sucre d'agave, ajouter les œufs un à un, verser le lait, ajouter les carottes, le gingembre puis la farine.

2. Tapisser le panier du robot cuiseur de papier cuisson. Verser la préparation et filmer.

3. Fermer le couvercle et choisir la fonction **CUISSON SOUS PRESSION** pour 30 minutes.

Gâteau

poires et noix de pécan

3 poires comice

Le jus de 1 citron

3 œufs

80 g de sucre de coco

50 g de farine

10 noix de pécan

15 MIN | 30 MIN | 4 PERSONNES

1 Peler les poires, les couper en dés et les arroser de jus de citron. Fouetter les blancs en neige avec la moitié du sucre et fouetter les jaunes avec l'autre moitié.

2 Mélanger les blancs avec la farine. Ajouter les jaunes puis les poires et les noix de pécan concassées.

3 Verser la préparation dans un moule à charlotte beurré adapté au panier du robot cuiseur. Le filmer. Poser le panier dans la cuve et verser 20 cl d'eau. Fermer le couvercle et choisir la fonction **CUISSON SOUS PRESSION** pour 30 minutes. Laisser refroidir avant de démouler.

Index

Les entrées en italique se référent aux types de recettes.

Auteur : Catherine Quévremont
Photographe : Richard Boutin
Création et réalisation : Graph'M
Styliste culinaire : Lelia Castello
Mise en page : Les PAOistes
Relecture : Marie-Ève Foutieau et Véronique Dussidour
Photographies des ingrédients des pages recettes : © Shutterstock

PAPIER À BASE DE FIBRES CERTIFIÉES

MARABOUT
s'engage pour l'environnement
en réduisant l'empreinte carbone
de ses livres.
Celle de cet exemplaire est de :
300 g éq. CO_2
Rendez-vous sur
www.marabout-durable.fr

58, rue Jean Bleuzen
92178 Vanves Cedex

3554431
978-2-501-12555-0
Dépôt légal mars 2018
Achevé d'imprimer en février 2018 en Espagne chez Cayfosa